Diogenes Taschenbuch 23762

Kleine Diogenes Bibliothek der Weisheit

Deepak Chopra

Feuer im Herzen

Eine spirituelle Reise
Aus dem Amerikanischen von
Ingrid Fischer-Schreiber

Diogenes

Titel der 2004
bei Simon & Schuster, New York,
erschienenen Originalausgabe:
›Fire in the Heart. A Spiritual Guide for Teens‹

Umschlagfoto: © Peter Turner/
Getty Images/The Image Bank

Für alle jungen Erwachsenen
von heute und morgen,
denn von ihnen hängt das Schicksal
der Welt ab

Veröffentlicht als Diogenes Taschenbuch, 2008

www.diogenes.ch
80/08/44/1
ISBN 978 3 257 23762 7

Antwort wissen – ich *mußte* sie wissen. Es wird immer im Leben solch brennende Fragen geben, aber diese vier sind besondere Fragen, denn sie können in einem einen Funken entzünden. Und dieser Funke kann ein Feuer im Herzen entfachen, das dich dein Leben mit Begeisterung und Leidenschaft leben läßt.

Der alte Mann mit dem weißen Bart offenbarte mir die spirituelle Seite des Lebens, in der wahre Leidenschaft und Begeisterung wurzeln. Ich möchte von unseren gemeinsam verbrachten Tagen erzählen, bis ins kleinste Detail, damit auch ihr das bekommt, was ich bekam. Das vermag jeden zu verwandeln, egal, wo er sich befindet. Bevor ihr zu lesen anfangt, holt tief Luft. Es könnte sich herausstellen, daß diese Geschichte auch eure eigene Geschichte wird.

»Ich gehöre dem Universum, und das Universum gehört mir.« Er streckt seine Arme aus, als wollte er alles in Besitz nehmen – die hohen Hügel, das grüne Tal, all die Jahre, die noch vor ihm liegen. Auch wenn es eigenartig klingt: Irgendwie besitzt er das alles ja auch.

»Vergiß das nie«, sagt der alte Mann. Er legt seine Handflächen aneinander und verbeugt sich voller Respekt. Der Junge tut es ihm gleich und verbeugt sich noch tiefer.

Das war das letzte, was ich von ihm sah. Denn der Junge auf dem Hügel war ich, und innerhalb von vier kurzen Tagen – denn mehr Zeit verbrachten wir nicht gemeinsam – hatte der alte Mann mein Leben verändert. Jeden Tag beantwortete er eine Frage, und das ist es, was ich in diesem Buch beschreiben werde.

Habe ich eine Seele?

Wie gehen Wünsche in Erfüllung?

Was ist die höchste Kraft im Universum?

Wie kann ich die Welt verändern?

Das sind große Fragen, und als ich jung war und vor Idealismus strotzte, waren es für mich brennende Fragen. Ich *wollte* nicht nur einfach die

Bevor du beginnst…

Ein fünfzehnjähriger Junge steht hoch oben auf einem grünen Hügel, und sein Blick schweift über das Tal, das noch weitaus grüner und üppiger ist. Es erstreckt sich in Wellen, so weit das Auge reicht; der Junge hat den Eindruck, es würde nie enden.

»Siehst du?« sagt eine Stimme.

Der Junge dreht sich um: Neben ihm steht ein alter Mann. Er trägt einen langen weißen Bart, und seine Augen leuchten.

»Ja, ich sehe«, sagt der Junge, aber sein Herz schlägt so schnell, daß er kaum sprechen kann.

»Ich möchte, daß du mir sagst, was du siehst. Ich muß ganz sicher sein können, daß du deine Lektion gut gelernt hast«, sagt der alte Mann.

Normalerweise hätte der Abschied dem Jungen das Herz gebrochen, denn er war davon ausgegangen, daß der alte Mann mit dem weißen Bart für immer bei ihm bleiben würde.

»Ich sehe, daß all das mein ist«, sagt der Junge.

Inhalt

Bevor du beginnst ... 9

Erster Tag:
Habe ich eine Seele? 13

Zweiter Tag:
Wie werden Wünsche wahr? 69

Dritter Tag:
Was ist die höchste Kraft
im Universum? 115

Vierter Tag:
Wie kann ich die Welt verändern? 171

Anleitungen für spirituelle
Überraschungen 197

Das letzte Wort 245

Jedes Kind, das geboren wird, ist der Beweis dafür, daß Gott die menschlichen Wesen noch nicht aufgegeben hat.

Rabindranath Tagore

Erster Tag: Habe ich eine Seele?

Baba

Die Schule, die ich besuchte, als ich fünfzehn war, lag auf einem grünen Hügel, hoch über einem noch grüneren, üppigeren Tal. Diesen Teil kennt ihr schon. Jeden Tag sah ich diesen herrlichen Anblick, außer an jenen Tagen, an denen dichter Nebel im Tal lag. An solchen Tagen ging ich am Morgen durch weiße Nebelfetzen zur Schule; es war, als würde ich durch Wolken gehen. Während ich an einem solch nebligen Tag die Straße entlangschlenderte, hörte ich die Stimme eines Fremden, die mich rief.

»Komm«, sagte die Stimme. »Ich habe auf dich gewartet.«

Die Stimme schien aus einer anderen Welt zu stammen. Vermutlich seid ihr auch schon einmal durch Nebel marschiert und wißt, was für eine ganz besondere Stille er rund um einen entstehen läßt: Es ist, als wäre man in einen Kokon gehüllt. Ein alter Mann saß unter dem größten, knorrigsten Baum neben der Straße.

»Baba, ich bin auf dem Weg zur Schule«, sagte ich. »Du wartest wahrscheinlich auf jemand anderen.« Ich bin in Indien aufgewachsen, und *Baba* ist dort eine respektvolle Anrede, mit der man Menschen anspricht, die als besonders weise oder heilig gelten.

»Wir müssen reden«, sagte der Mann kurz angebunden. Ich ging näher. Baba saß auf dem Boden, mit gekreuzten Beinen. Sein Bart war fast so weiß wie die makellosen Baumwollhosen und das Hemd, das er trug.

»Du bist jetzt alt genug, um gewisse Dinge zu erfahren«, sagte er, ohne auf eine Antwort meinerseits zu warten. »Und wer sonst sollte sie dir beibringen?«

Mir lief ein Schauer über den Rücken. »Was für Dinge?« fragte ich.

»Unsichtbare Dinge. Geheime Dinge.« Plötzlich lachte Baba. »Wie geheimnisvoll muß ich denn noch klingen, damit du mir zuhörst?«

Schnell hatte ich die Schule vergessen. Alle möglichen Bilder tauchten vor meinem inneren Auge auf. Der alte Mann, der mit gekreuzten Beinen und aufrechtem Rücken dasaß, sah wie der Buddha aus, der Erleuchtung erlangte, als er unter einem Baum saß. Aber mit seinem langen weißen Bart wirkte Baba auch wie ein Zauberer, er erinnerte mich an Merlin, und das Leuchten in seinen Augen sagte mir unmißverständlich, daß er weise sein mußte, wie Sokrates.

»Ich verlange nicht viel. Gib mir nur einen Tag Zeit«, versuchte Baba mich zu überreden.

Zögernd setzte ich mich neben ihn unter den knorrigen, schiefen Baum. In der Wärme der Sonne löste sich der Nebel langsam auf. Zwischen den Nebelfetzen konnten wir die grünen Teeplantagen erkennen, die Tal und Hügel in der Umgebung bedeckten.

»Das wird nicht so sein wie in der Schule«, sagte Baba. »Ich werde dich eine neue Art, die Welt zu sehen, lehren, eine neue Art, zu sein.«

Er deutete auf die Landschaft. »Was siehst du? Ich meine, jetzt, in diesem Moment?«

»Ich sehe dich und diesen Baum, und ich sehe den Nebel, der langsam aus dem Tal aufsteigt.«

Baba lehnte sich näher zu mir. »Willst du wissen, was ich sehe? Ich sehe deine Seele.«

Der alte Mann zog mich mehr und mehr in seinen Bann.

»Ich sehe eine Welt, die auch dir zu eigen sein wird. Ich sehe die Ewigkeit.« Baba hielt inne, und ich fühlte wieder, wie mir ein Schauer über den Rücken lief. »Glaubst du mir?« fragte er.

»Ich möchte dir glauben, aber ich kann nichts von dem sehen, was du da beschreibst«, sagte ich.

»Natürlich nicht. Dazu brauchst du eine neue Art, die Dinge zu sehen, und deswegen mußte ich dich finden«, sagte er. »Noch ein paar Jahre, und du wärst vielleicht verloren gewesen. Die alten Gewohnheiten sind schwer zu durchbrechen.«

Ich war damals in einem Alter, in dem man gern tagträumt. In Wirklichkeit hatte ich Baba deswegen nicht bemerkt, weil ich auf dem Schulweg vollkommen in meinen Gedanken versunken war. Nun schien es mir, als hätte ich im Nebel eine Vision heraufbeschworen.

Die Augen des alten Mannes wurden durchdringender. »Ich spreche nicht von Phantasien oder rosaroten Wolken. Du mußt verstehen, wie die Wirklichkeit funktioniert. Nur was wirklich ist, hat auch Macht, auch wenn es wie Zauberei aussieht.«

»Okay«, sagte ich. Ich hatte das unangenehme Gefühl, als hätte er gemerkt, daß ich mich insgeheim fragte, ob er nur Einbildung sei.

»In Wirklichkeit ist die Ewigkeit überall«, sagte Baba. »In Wirklichkeit ist deine Seele da, damit du sie erfahren kannst. Ich werde dir zeigen, was ich meine.«

Er beugte sich vor und nahm eine Handvoll Sand neben der Straße auf. »Fühl mal«, sagte er. »Wie ist dieser Sand beschaffen?«

Er ließ ein bißchen Sand in meine Hand rieseln. »Er ist rauh und spitz und körnig«, sagte ich. »Und er ist warm von der Sonne.«

»Würde es dich überraschen, wenn ich dir sagte, daß nichts davon wirklich existiert?«

Ich war verwirrt. »Natürlich ist das wirklich.«

»Aber Sand besteht aus Molekülen«, sagte Baba. »Und Moleküle sind weder rauh noch spitz, noch körnig. Ich könnte Sandmoleküle nehmen und sie in Glas verwandeln, und Glas ist vollkommen glatt. Natürlich existieren auch die Moleküle nicht wirklich.«

»Was heißt, sie existieren nicht wirklich?«

»Weil sie ihrerseits aus Atomen bestehen, und Atome sind nichts als unscharfe Wolken aus Energie. Du kannst sie weder sehen noch berühren. Aber genau auf diese Weise messen wir doch normalerweise wirklich existierende Dinge: indem wir sie sehen und berühren, nicht wahr? Und so gesehen, ist auch Energie nicht wirklich.«

Ich hatte inzwischen nicht mehr das Bedürfnis, etwas zu erwidern; das war einfach eine vollkommen neue Art, Dinge zu sehen, genau, wie er versprochen hatte.

»Energie vibriert überall im Universum«, sagte Baba. »Aber Energie entspringt aus der Leere, und diese Leere ist weit und still. Du wirst nicht wissen, was wirklich ist, solange du nicht dort gewesen bist. Sollen wir uns auf den Weg machen?«

Er ließ den Sand durch seine Finger rieseln, und einen Moment lang war mir, als würde ich jemanden beobachten, der die ganze Welt durch seine Finger rieseln läßt – die Welt, in der ich zu leben glaubte.

»Das ist sehr seltsam«, murmelte ich.

»Die alten Gewohnheiten scheinen also schon nicht mehr ganz so gewiß zu sein«, sagte er und schien erfreut zu sein. »Was wird übrigbleiben, wenn alles Feste vor deinen Augen verschwindet?«

»Nichts«, sagte ich.

»Nichts!« wiederholte er. »Das stimmt genau. Aber sobald wir durch dieses Nichts hindurchgegangen sind, wird sich dieses Nichts in alles verwandeln – in deine Seele, in Gott, in eine unendliche Welt, die deine Welt sein wird. Machen wir uns jetzt auf den Weg?« fragte er wieder.

»Ja, gehen wir«, sagte ich.

Was ich gelernt habe: Spiritualität ist eine neue Art und Weise, zu sehen und zu sein. Als Baba mir das sagte, sagte er mir im Grunde alles, was ich zu wissen brauchte. Es war nicht einmal notwendig, das Wort *Spiritualität* zu verwenden. Worte sind niemals so wichtig wie die Wirklichkeit selbst, und was wirklich ist, ist, daß du und ich auf atomarem Niveau wie wandernde Wolken sind. Atome sind in viel größerem Ausmaß leer, als sie fest sind, was bedeutet, daß auch *wir* wesentlich mehr leer als fest sind (ein Mensch besteht zu mehr als 99,999999 Prozent aus leerem Raum; der Raum zwischen Erde und Sonne ist im Vergleich dazu wesentlich kleiner).

Auf der Oberfläche wirken zwar alle Dinge ganz beruhigend und fest, aber auf einer Ebene direkt darunter sollten wir uns eigentlich alle auflösen und im Nebel dahinschweben. Daß wir es nicht tun, liegt daran, daß wir nicht wirklich leer sind. Es gibt ein unsichtbares *Etwas* in uns, das der Entdeckung harrt.

»Eine geheimnisvolle Kraft hält die Dinge zusammen und bildet Muster aus den Energiewolken«, hatte mir Baba gesagt. »Du solltest herausfinden, was diese Kraft ist.«

»Warum?« fragte ich.

»Weil sie überall ist. Sie ist feiner als das kleinste Atom. Sie ist subtiler als die subtilste Energie. Sie ist wirklicher als alles, was du je gesehen hast. Sie ist nicht mit einer physikalischen Kraft wie der Schwerkraft oder Elektrizität zu vergleichen«, sagte er. »Ohne dieses unsichtbare Etwas gäbe es kein Universum. Und dich auch nicht.«

So begann also alles: Ein Junge und ein alter Mann begaben sich auf die Jagd nach einem unsichtbaren Etwas, das auch dann noch wirklich ist, wenn alles andere verschwunden ist. Erst Jahre später, als Erwachsener, las ich zufällig ein paar Zeilen, die das, was wir suchten, auf vollkommene Weise beschreiben. Sie stammen von dem Dichter William Blake, und du könntest diese Zeilen als das Motto dieses Buches bezeichnen:

Sieh eine Welt in einem Körnchen Sand
und einen Himmel in der wilden Blume,
greif das Unendliche mit deiner Hand,
und fühle Ewigkeit in einer Stunde.

Du wirst deinen Augen nicht trauen

»Solange wir unseren Augen glauben, werden wir nie etwas Unsichtbares finden können«, sagte Baba. »Die meisten Menschen tun das aber die ganze Zeit. Es ist eine schlechte Gewohnheit.« Er zeigte auf einen Stein, der hinter ihm auf dem Boden lag.

»Auch wenn dieser Stein in Wirklichkeit eine Wolke aus Energie ist, sieht er doch sehr solide und schwer aus, oder nicht?«

»Ja, weil er solide und schwer ist. Eine Wolke würde dich nicht verletzen, wenn sie dir auf die Zehen fällt«, sagte ich.

»Aha, du vertraust also deinen fünf Sinnen«, sagte Baba. »Warum auch nicht? Schließlich ist die Erde ja flach, so wie deine Augen sie wahrnehmen.«

»Nun ja, nicht ganz, diese Behauptung zum

Beispiel würde ich nicht unterschreiben«, sagte ich.

»Aber die Sonne bewegt sich doch über den Himmel und geht am Abend im Westen unter, oder etwa nicht?« sagte Baba.

»Nein, es sieht nur so aus«, gab ich zu.

»Du hast dir also schon angewöhnt, deinen Augen nicht hundertprozentig zu trauen«, sagte Baba mit einem ganz speziellen Lächeln. Irgendwann begann ich, dieses Lächeln sein Ich-habe-ein-Geheimnis-Lächeln zu nennen, und man konnte nie wirklich voraussagen, wann es wieder auftauchen würde.

»Es kann ja sein, daß ich mich nicht immer auf meine Augen verlassen sollte, aber wie kann ich auf etwas vertrauen, was ich überhaupt nicht sehe?« fragte ich.

»Ich erzähle dir eine Geschichte, um dir auf die Sprünge zu helfen«, sagte Baba. »Eines Nachts, während du schliefst, begann dein Körper zu sich selbst zu sprechen. Das Herz sprach als erstes: Ich bin es leid, den ganzen Tag Blut für den Magen zu pumpen. Wie komme ich eigentlich dazu? Ich sollte nur für mich selbst arbeiten.

Als der Magen das hörte, antwortete er: Du

brauchst dich gar nicht zu beschweren. Ich verdaue die ganze Nahrung für das Gehirn. Es nimmt alles, was ich gebe, und ehrlich gesagt: Ich sollte eigentlich auch nur für mich arbeiten.

Als das Gehirn das hörte, sagte es: Ich denke die ganze Zeit darüber nach, was man dem Magen zuführen könnte. Ist dir klar, wie leicht so ein Magen durcheinanderkommt? Wenn irgend jemand nur für sich selbst arbeiten sollte, dann bin ich es.

Es ist nicht schwer, zu verstehen, warum dieser Streit dumm ist«, sagte Baba. »In Wirklichkeit arbeitet jeder Teil des Körpers für alle anderen. Wie erkennst du das? Mit deinem Geist. Wissen geht über die Sinne hinaus. Ich werde dich lehren, mit deinen geistigen Augen zu sehen. Dann wird es dir nicht schwerfallen, Unsichtbares zu erkennen.«

Was ich gelernt habe: Um ein spirituelles Leben zu führen, muß ich an etwas Unsichtbares glauben. Baba lehrte mich das von Anfang an. Zuerst muß man aufhören, darauf zu vertrauen, daß die fünf Sinne recht haben. Diese Gewohnheit ist schwer zu durchbrechen, weil unser gesunder Menschenverstand uns sagt: Ich will es sehen, ich will es berühren, ich will es schmecken – dann weiß ich, daß es wirklich ist. Aber ich kann dich jetzt sofort etwas schmecken lassen, was vollkommen unsichtbar ist.

Schließe deine Augen, und stell dir einen leuchtendroten Apfel vor. Sieh jetzt ein Messer, das den Apfel in Spalten schneidet, und sieh dich dann selbst, wie du in eine dieser Spalten beißt. Hast du gemerkt, daß dir schon das Wasser im Mund zusammengelaufen ist? Was hier geschieht, ist genau das, was passiert, wenn du tatsächlich in einen Apfel beißt. Was es dazu brauchte, war ein geistiges Bild, das du aus dem Nichts erschaffen hast, und plötzlich trat dein Körper in Aktion. Millionen von Zellen in deinem Gehirn haben das Bild geformt; ein Signal wurde über das Netzwerk aus Nerven in deinem Kopf an deinen Mund weitergeleitet; deine Speicheldrüsen empfingen die Botschaft und begannen Speichel zu produzieren.

Aus diesem einfachen Experiment ergeben sich ein paar erstaunliche Tatsachen:

Es gab zuerst kein Bild eines Apfels in deinem Kopf. Als du an einen Apfel gedacht hast, haben deine Gehirnzellen kein Bild eines Apfels gemalt oder es auf einen Schirm projiziert. Dein Gehirn ist so dunkel wie die finsterste Höhle – da drinnen gibt es weder Licht noch Farbe. Wo kam das Bild dann später her?

Es gab zuerst keinen Apfelgeschmack in deinem Mund. Du hast keinen echten Apfel geschmeckt. Deine Speicheldrüsen, die deiner Meinung nach Nahrung brauchen, um überhaupt eine Reaktion zeigen zu können, brauchten in diesem Fall überhaupt nichts. Woher kam dann das Säuerliche?

Es kam von irgendeinem geheimnisvollen Ort. Von einem Ort, zu dem mich Baba Schritt für Schritt führte.

Alles ist verbunden

»Nehmen wir einmal an, du glaubst, es gäbe da wirklich *etwas* im Universum, was du nicht sehen kannst«, sagte Baba. »Was tut dieses Etwas? Wenn es nichts zu tun hätte, dann könntest du es zwar Gott nennen – unser Leben würde aber trotzdem so bleiben, wie es immer war. Die Menschen würden es wahrscheinlich gar nicht der Mühe wert finden, es zu suchen.«

»Wahrscheinlich nicht«, sagte ich.

Die Sonne stand schon höher am Himmel, und

wir saßen gemütlich im kühlen Schatten des Baumes. Hin und wieder mußte ich an die Schule denken, die ich gerade versäumte, aber solange ich Baba zuhörte, waren auch diese Sorgen weit weg.

»Es ist also ein ganz schön kniffliges Rätsel, herauszufinden, was dieses unsichtbare Etwas tun könnte.« Baba tat einen tiefen Atemzug. »Komm schon, mach es mir nach«, sagte er. »Die Antwort ist hier, sie wartet nur darauf, entdeckt zu werden.«

Also atmete auch ich tief ein. »Ich bemerke aber nichts«, sagte ich.

»Liegt da nicht etwas in der Luft?« fragte Baba. »Es ist der Frühling. Das mußt du doch spüren. Wenn die Vögel beginnen zu zwitschern und die Bäume Knospen tragen, wenn das Herz flattert und du Liebende im Park Händchen halten siehst, liegt dann nicht der Frühling in der Luft?«

»Ja, schon, aber ...«

»Also, warum ist es Frühling? Es gibt keinen Grund dafür. Die Erde neigt sich ein paar Grad um ihre Achse – na und? Aber im arktischen Schnee weiß der Eisbär, daß es Zeit für ihn ist, aus dem Winterschlaf zu erwachen. Die Blumen wissen, daß es Zeit ist zu sprießen, ohne Angst haben zu müssen, zu erfrieren. Heuschrecken, die sieben Jahre lang in der Erde vergraben waren, wissen, daß es Zeit ist herauszukrabbeln. Wie kann eine kleine Neigung der Erdkugel das alles bewirken?«

Bevor ich überhaupt beginnen konnte zu raten, sagte er: »Ich werde dir etwas zeigen. Stell dir vor, du bist ein Vogel. Du denkst nicht über den Frühling nach. Du denkst überhaupt nicht in Worten. Wie weißt du, daß es Zeit ist, wieder nach Norden zu fliegen und dich zu paaren?«

»Frühlingsfieber?«

»Nicht schlecht«, sagte Baba. »Nennen wir es einen Impuls, der sich nur im Frühling einstellt. Ein Impuls scheint durch jedes Wesen zu gehen. Die Heuschrecke, der Eisbär, die Blume und der Vogel leben weit voneinander entfernt, aber sie fühlen denselben Impuls, jeder auf seine Art und Weise. Selbst in den dunkelsten Tiefen des Meeres, wo nie ein Sonnenstrahl hinkommt, weiß der Pfeilschwanzkrebs, daß es Zeit ist, Hunderte von Meilen ans Ufer zu marschieren, und in einer einzigen mondhellen Nacht tauchen plötzlich Millionen von Pfeilschwanzkrebsen auf. Unglaublich.

Diesen Impuls aussenden – das ist es, was dieses *Etwas* tut. Es hält das Leben zusammen. Das ist sein Job. Aber wir können jetzt aufhören, es ›Etwas‹ zu nennen«, sagte Baba. »Sobald du weißt, was diese unsichtbare Kraft tut, kannst du sie bei ihrem rechtmäßigen Namen nennen.«

»Und was ist ihr rechtmäßiger Name?« fragte ich.

»Die Seele.«

Was ich gelernt habe: Menschen können unendlich viele Dinge über die Seele sagen, aber Baba konzentrierte sich auf einen Aspekt: Die Seele ist der ›Klebstoff‹, der das Universum zusammenhält. Aber sie klebt nicht nur, sondern ist auch intelligent. Das Universum wird auf drei unsichtbare Arten zusammengehalten:

Alles ist miteinander verbunden.
Alles sorgt für alles andere.
Alles befindet sich in Harmonie mit dem Ganzen.

Dein Körper ist ein lebendes Beispiel dafür, wie diese drei Dinge funktionieren. Eine einzige Zelle, die nicht mit den anderen verbunden ist, sondern nur selbstsüchtig auf sich selbst schaut und sich weigert, in Harmonie mit dem Ganzen zu stehen, verwandelt sich in Krebs. Eine aggressive Einzelgängerzelle unter Millionen reicht, um das gesamte Lebensprogramm zu zerstören. Die Intelligenz des Körpers bricht zusammen, und das ist wesentlich verheerender als der primäre körperliche Schaden. Zum Glück sind solche Amok laufenden Zellen sehr selten – weniger als eine von einer Million –, und die große Mehrheit dieser Zellen überlebt erst gar nicht. Die innere Intelligenz des Körpers weiß genau, wie das Leben reguliert sein sollte, um das Überleben bestmöglich zu sichern.

Baba sagte nicht, daß der unsichtbare Klebstoff Seele genannt werden muß. Andere Begriffe haben sich im Lauf der Geschichte dafür gefunden: Geist, Gott, der göttliche Funke, der Atem des Lebens. Ich benutze oft das Wort *Essenz*. Wenn du etwas auf seine reinste Form reduzierst, kommst du zu seiner Essenz. Ein Arm voll Rosen kann auf eine halbe Unze Rosenöl reduziert werden. Es gibt Millionen von Menschen, die vollkommen verschiedene Formen von Leben führen. Aber die Seele oder der Geist ist Lebendigsein in seiner reinsten Form, egal, wer immer man ist. Es ist die Essenz des Menschseins.

Es ist seltsam, daß diese Essenz so schwer zu finden ist. Wenn wir herumlaufen, in der Hoffnung, sie zu finden, dann sind wir wie Fische, die überall das Wasser suchen, aber es nie zu finden scheinen. Ich stelle mir vor, daß der Fisch, der als erster das Wasser entdeckte, zufällig aus dem Meer herausgesprungen war. Vielleicht hat ihn ein Hai gejagt, und der Fisch war verzweifelt. Als er ins Meer zurücksprang, hatte er ein aufrüttelndes Aha-Erlebnis: *Da ist also das Wasser. Ich bin mein ganzes Leben im Wasser geschwommen und habe es nie gemerkt.*

Genau das tat Baba für mich. Wie ein Fisch, der ins Meer zurückspringt, entdeckte ich, daß ich mit dem Geist gelebt hatte, innen und außen, mein ganzes Leben lang. Der Geist ist überall und sorgt dafür, daß alles mit allem verbunden ist. Das Licht von Sternen, die Millionen von Lichtjahren entfernt sind, ist dasselbe Licht, das Pflanzen hier auf der Erde wachsen läßt. Die Pflanzen geben Nahrung; die Nahrung sorgte dafür, daß du dich als Baby im Bauch deiner Mutter entwickeln konntest; und heute betrachtest du die Sterne mit den Augen, die die Sterne dir gegeben haben. Das ist die kosmische Verbundenheit.

Wußtest du, daß du mit jedem Atemzug, den du

tust, Millionen von Atomen einatmest, die gestern jemand anders in China ausgeatmet hat? Diese Atome befanden sich in einem anderen Körper, sie zirkulierten im Blut oder bauten eine Zelle oder vielleicht sogar ein Baby. Ohne es zu wissen, bist du mit einem Baby verbunden, das noch nicht geboren ist. Das Wasser in deinem Körper enthält dasselbe Salz und dieselben Mineralien wie der Ozean – du trägst den Ozean in dir. Die Hautzellen, die du heute morgen nach der Dusche mit einem Handtuch abgerubbelt hast, enthalten Moleküle, die sich einmal im Körper von Jesus und Buddha und einer anderen heiligen Gestalt der Vergangenheit befunden haben.

Genießt also diese kosmische Verbundenheit. Betrachtet euch selbst an einem lauen Frühlingstag. Der strotzt vor neuem Leben und Energie. Der Tag fühlt sich rundherum gut an. In eurem Inneren glüht ein Funke, und plötzlich weiß man mit untrüglicher Sicherheit, daß man in einer Welt lebt, die einem ein Zuhause ist. In diesem Moment ist man in vollkommener Übereinstimmung mit allem. Baba lehrte mich, dieses Gefühl der Verbundenheit mit allem rundherum nie zu vergessen.

Und das war erst der Anfang.

»Auf! Auf! Bewegung!« rief Baba und sprang auf. Der alte Mann hatte vorher so still im Schneidersitz gesessen, als sei er selbst in die Erde gepflanzt wie der knorrige Baum. Aber nun mußte ich rennen, um ihn einzuholen.

»Du kommst schon noch in Form, alles nur Training«, rief er mir über die Schulter zu.

»Was für ein Training?« fragte ich. Er rannte mit mir auf eine grüne Wiese, die an den Wald angrenzte.

»Das beste, das du bekommen kannst«, sagte er. »Seelentraining. Nicht viele können das lehren, du mußt also sehr, sehr viel Glück gehabt haben. Weißt du, daß du ein richtiger Glückspilz bist?«

»Nein, nicht wirklich.« Ich war nicht sicher, ob er sich nicht über mich lustig machte.

Baba fand eine Stelle mitten auf der Wiese und schaute sich um. »Das ist ein guter Platz«, sagte er. »Leg dich einfach hier hin.«

Ich legte mich auf den Rücken ins hohe Gras und war gespannt, was als nächstes kommen würde.

»Schau jetzt in den Himmel«, sagte Baba. »Siehst du die Sonne?«

»Ja, klar.« Jetzt, wo der Morgennebel sich gehoben hatte, stand die Sonne direkt über mir am Himmel.

Baba legte seine Hände über meine Augen.

»Kannst du *jetzt* die Sonne sehen?« fragte er.

»Nein, natürlich nicht.«

»Ende der Sitzung«, sagte er und schien sich zu freuen, als hätte ich etwas Besonderes getan.

Ich protestierte. »Was für eine Art von Training soll das denn sein? Es ist ja gar nichts passiert.«

Baba war immer dann am glücklichsten, wenn es ihm gelang, mich aus der Fassung zu bringen – das hatte ich sehr schnell kapiert. Er sagte: »Wenn du deine Augen bedeckst, kannst du die Sonne nicht sehen, aber du weißt trotzdem, daß sie da ist. Es ist ihr nichts passiert, oder?«

»Nein. Nicht, daß ich wüßte.«

»Die Sonne könnte Wochen oder Monate hinter Wolken verschwinden, und trotzdem würdest du noch immer wissen, daß du mit ihr verbunden bist«, sagte er. Ich stimmte zu. »Dasselbe gilt auch für die Seele. Nur weil du dich versteckst, heißt das noch lange nicht, daß sie aufhört zu existieren. Paß auf«, sagte er. »Schauen wir mal, ob wir ein paar Wolken wegschieben können.«

Baba bückte sich und tat wiederum, als würde er die Hände über meine Augen legen. Diese Mal allerdings legte er sie über mein Herz.

›Moment mal‹, dachte ich.

Mit einer schnellen Geste zog er die Hände wieder zurück. Plötzlich fühlte ich, wie etwas Kaltes über mich hinwegblies. Ich schaute mich um. Das Gras rund um mich wogte leicht in Wellen sanften Lichts. Sie schienen überall zu sein, und doch waren sie so schwach, daß es auch eine Sinnestäuschung hätte sein können.

»Wie hast du das gemacht?« flüsterte ich. Es war, als ob jemand ein Licht hinter all den wohlbekannten Dingen leuchten ließ – hinter dem Gras, den Bäumen, dem Himmel –, die mir so vertraut waren. Ein grauer Schleier, von dem ich nicht einmal gewußt hatte, daß er existierte, war plötzlich verschwunden.

»Ich habe gar nichts getan«, sagte Baba. Ich fühlte, wie seine Finger nah bei meinem Herzen auf meinen Brustkorb klopften. »Die einzige Schönheit in der Welt ist die Schönheit in deinem Inneren. Du könntest einen Schatten über deine Seele werfen; dann verschwände die Schönheit. Aber sie geht nie weg, so wie die Sonne auch nie weggeht.«

Ich versuchte, das Innere der Stelle, die er berührt hatte, zu sehen. Einen Moment lang sah ich etwas: eine kleine, flackernde Flamme in der Nähe meines Herzens. Im nächsten Augenblick war sie auch schon wieder verschwunden. Ich setzte mich auf, und die Wiese war wieder eine Wiese.

»War das jetzt real?« fragte ich zittrig.

»Du hast nur den Hauch von einer Ahnung bekommen von dem, was real ist«, sagte Baba. »Das Licht der Seele ist genauso allgegenwärtig wie die Sonne. Wenn dein Training abgeschlossen ist, wirst du verstehen. Es gibt in Wirklichkeit nur eine große Seele, an der jeder Mensch Anteil hat, doch das ist genug, um die ganze Welt zu erleuchten.«

Was ich gelernt habe: Das war das erste Mal, daß Baba mir einen Blick in meine Seele ermöglichte. Von diesem Moment an wollte ich sie so klar sehen wie er. Auch wenn ich nie wieder eine grüne Wiese erblickte, die in Wellen von Licht wogte, bewahrte ich mir die Erinnerung daran, wie wohltuend dieser Augenblick gewesen war. Die Seele geht und kommt nicht. Sie ist unsere Essenz, der reinste Teil in uns. All die schönen Dinge in dieser Welt tun nichts anderes, als sie widerzuspiegeln.

Ich habe im Laufe der Zeit auch andere Methoden kennengelernt, mit denen man einen flüchtigen Blick auf die Seele werfen kann. Wann immer die Welt rund um mich herum vor Leben prickelt, sehe ich in Wirklichkeit ein bißchen von meiner Seele. Wenn ein Fremder meinen Blick einfängt und ich einen Hauch von Freude darin erkenne, sehe ich in Wirklichkeit etwas von meiner Seele. Wenn die Wellen des Meeres das Licht wie kleine Juwelen reflektieren oder die Luft sanft über meine Haut streicht, sehe ich ein bißchen von meiner Seele.

Mehr als 90 Prozent der Menschen glauben, daß sie eine Seele haben, so haben Meinungsumfragen ergeben. Warum leiden dann so viele Menschen an Angstzuständen und Depressionen oder fühlen sich ganz allgemein ›daneben‹? Dafür gibt es unzählige Erklärungsversuche, aber die spirituelle Antwort wäre, daß sie die Verbindung zu ihrer Seele verloren haben. Mit ›verloren‹ meine ich, daß die Seele ›unauffindbar‹ ist, denn du kannst sie ja nicht wirklich verlieren. Baba lehrte mich, daß es letzten Endes drei Arten und Weisen zu leben gibt, für die man sich entscheiden kann.

Ich kann die Hände über die Augen legen und nie meine Seele sehen – als wäre der Himmel ständig bedeckt und man könne die Sonne nie sehen.

Ich könnte hin und wieder einen Blick auf meine Seele erhaschen – als würde ich unter einem Baum liegen und sehen, wie die Sonne zwischen den Blättern durchscheint.

Ich könnte die Seele immer sehen – als würde ich immer in Richtung Sonne schauen, ohne daß mir irgend etwas den Blick verstellt.

Es macht einen riesigen Unterschied, für welche Lebensart ich mich entscheide. Wenn die Seele außer Sichtweite ist, müssen die Menschen kämpfen, um einen Sinn in ihrem Leben zu finden. Sie empfinden Angst und fühlen sich verloren. Sie fragen sich, ob es überhaupt irgend etwas gibt, wofür es sich zu leben lohnt. Wenn die Seele sich hin und wieder blicken läßt, wird das Leben besser. Die Menschen fühlen sich weniger deprimiert und mehr in Einklang mit allem rundherum. Aber die Situation ist nach wie vor instabil, weil dunkle Zeiten kommen werden, in denen das Leben unsicher und unfair scheint. Als ich zu Baba kam, wußte ich, daß sich schreckliche Dinge auf der Welt abspielen. Am glücklichsten Frühlingstag kannst du die Nachrichten anschauen, und schon siehst du schreckliche Kriegsszenen. Daher hatte ich geglaubt, ganz gut zu wissen, wie die Dinge tatsächlich stehen.

Heute kann ich nach wie vor den Fernseher einschalten, und nach wie vor gibt es schreckliche Kriegsszenen zu sehen. Aber Baba nahm meine Hände von meiner Seele weg, und jetzt sehe ich auch noch etwas anderes. Etwas, was keine noch so große Dunkelheit je verdecken kann. *Der Geist verschwindet nie.* Wolken können uns den Blick darauf verstellen, aber sie können ihn nicht zerstören. Sie können ihn nicht einmal ein kleines bißchen verändern. Das ist die dritte – und beste – Art und Weise zu leben: geborgen in deiner Seele. Wenn ihr nach wie vor Zweifel hegt, dann folgt mir zur nächsten Stufe von Babas Seelentraining.

»Am besten lebst du so, wie deine Seele möchte, daß du lebst«, meinte Baba.

Wir waren immer noch auf der Wiese, ich lag faul im hohen Gras, Baba saß mit gekreuzten Beinen auf einem großen Stein und sah mich an. »Ich teile die Menschen nicht ein in Menschen, die glauben, und solche, die nicht glauben«, sagte er. »Ich teile sie ein in Menschen, die wissen, wie sie leben sollen, und Menschen, die das nicht wissen.«

Ich setzte mich auf und blickte ihn an. »Wenn ich also meine Seele frage, was ich heute tun soll, dann würde sie es mir sagen?«

»Vielleicht«, sagte Baba. »Aber deine Seele ist keine Antwortmaschine. Sie will, daß du deinen eigenen Weg gehst und dabei das für dich beste Leben lebst. Es gibt vier Möglichkeiten, das zu tun. Die erste ist als der Weg des Herzens bekannt. Wenn du zuhörst, werden dir deine Ohren sagen, wie das geht.«

Meine Ohren? Aber Baba wollte keine Fragen mehr hören. Er legte seinen Finger an seine Lippen, und ich legte mich wieder auf den Rücken. Im weichen Gras schlief ich fast ein, aber dann hörte ich zwei Stimmen in der Ferne. Sie stritten.

»Du Dieb! Du hast mein Geld gestohlen!« schrie die erste.

»Idiot! Ich habe dir einen fairen Preis gemacht!« schrie die zweite Stimme zurück. »Laß mich in Ruhe!«

Ich hob meinen Kopf gerade so weit, daß ich sehen konnte, wer da so schrie. Zwei Männer aus dem Dorf stritten mitten auf der Straße. Ihre Gesichter waren rot angelaufen, und sie wurden fast handgreiflich.

»Warum hören wir ihnen zu?« flüsterte ich. Aber Baba legte bloß wieder seinen Finger auf die Lippen, also wartete ich.

Die beiden Männer schrien noch immer, als sie an uns vorbeigingen, ohne uns zu bemerken. In diesem Augenblick hörte ich noch mehr Stimmen. Sie wirkten wie Stimmen von Kindern aus meiner Schule, die zum Mittagessen nach Hause gingen.

»Ich verstehe das noch immer nicht. Sie plaudern und reden über alles mögliche«, sagte ich und zog meinen Kopf ein, damit mich niemand sehen konnte. Baba nickte, ohne ein Wort zu sagen.

Als die Kinder gegangen waren, wartete ich

noch ein bißchen, aber es war nichts mehr zu hören.

»Ganz im Gegenteil«, sagte Baba, der so oft meine Gedanken las, daß es mir inzwischen schon ganz normal schien. »Das ist jetzt der Moment, wo du richtig hinhören mußt.«

Er zeigte in Richtung Straße. Ich hob wieder meinen Kopf, und dieses Mal sah ich ein Liebespaar aus dem Dorf. Die beiden hatten sich gerade erst verlobt. Sie spazierten Hand in Hand und blickten einander schweigend an.

Als sie an uns vorbeigegangen waren, meinte Baba: »Die Menschen schreien, wenn ihre Herzen nicht in Übereinstimmung sind. Sie sprechen normal, wenn sie in Harmonie sind. Aber wenn zwei Herzen wirklich eins sind, dann bedarf es überhaupt keiner Worte. So funktioniert der Weg des Herzens. In der Stille wirst du deine Seele finden, sie ist die Liebe, die dich aus deinem Herzen her leitet.«

Was ich gelernt habe: Beim Weg des Herzens geht es nicht um Worte – es geht um Gefühle. Dein Herz ist die natürliche Heimstatt des Geistes. Wenn du zu jemandem sagst: »Zeig mir, wo deine Seele ist«, dann wird wahrscheinlich fast jeder, ohne zu zögern, auf sein Herz zeigen. Was die Menschen vielleicht nicht wissen, ist, was das Herz tatsächlich alles erreichen kann. Hast du vom Pferdeflüstern gehört? Wenn ein wildes Pferd gefangen wird, dann muß jemand es zureiten. Wilde Pferde haben Angst vor dem Sattel; sie geraten in Panik und wehren sich, wenn sie zum erstenmal einen Reiter auf ihrem Rücken spüren. Normalerweise ist der Anblick eines Pferdes, das zugeritten wird, etwas Wildes, Gewalttätiges.

Dann entdeckte jemand eine andere Möglichkeit: das Pferdeflüstern. Statt das Pferd zum Gehorsam zu zwingen, behandelt der Trainer es ganz sanft, schaut ihm in die Augen, streichelt seine Flanken, um es zu beruhigen, und besteigt es nur, wenn er vom Pferd ein Signal erhält, das ihm zu verstehen gibt: ›Jetzt kannst du aufsteigen. Ich vertraue dir.‹ Die alte Methode, ein Pferd zuzureiten, die mit Gewalt arbeitet, dauerte Tage, beim Pferdeflüstern akzeptiert ein Pferd manchmal schon nach ein paar Stunden den Sattel.

Was hier wirksam wird, ist der Weg des Herzens, und die Schritte sind beim Menschen die gleichen wie beim Pferd:

Stimme dich auf die andere Person ein.
Gewinne das Vertrauen der anderen Person.
Sei in Harmonie; bringe den Gefühlen des anderen keinen Widerstand entgegen.

Bei diesen Schritten bedarf es keiner Worte; ja, Worte wären hier nur hinderlich. Du mußt bereit sein, die Welt eines anderen Menschen zu betreten. Das mag angsteinflößend klingen, aber wenn du dich an den Weg des Herzens gewöhnt hast, wirst du sehen, daß es wie von selbst passiert.

Stimme dich ein

Der erste Schritt ist im Grunde nichts anderes als schauen und zuhören. Die einfache Frage »Wie geht es dir?« ist immer ein guter Anfang. Aber schau und hör mit deinem Herzen; das ist der Schlüssel. Wenn jemand sagt »Mir geht es gut«, dabei aber verkrampft wirkt, die Arme verschränkt hat und Spannung in seiner Stimme liegt, sagt das dann nicht mehr als tausend Worte? Wenn du jemandem in die Augen schaust – ohne ihn anzustarren, sondern nur um Kontakt herzustellen –, dann beginnst du zu fühlen, was er fühlt. Genauso mußt du mit deinem Herzen hören, denn das Herz stimmt sich ständig auf die Gefühle ein.

Wann immer du jemanden triffst, streckt dein Herz gewissermaßen seine Fühler aus und fragt: ›Fühlt sich dieser Mensch gut oder schlecht, ist er aufgeregt oder deprimiert, besorgt oder voller Erwartung?‹ Das Herz aller anderen tut dasselbe. Misch dich da also nicht ein, oder tu nicht so, als ob du nichts bemerken würdest. Auf der Ebene des Herzens nehmen wir alle diese Gefühle wahr. Worte sind schnell vergessen, aber ein Blick, der aus dem Herzen kommt, wird ein Teil dessen, was du bist.

Vertrauen gewinnen

Wenn du dich jemandem gegenüber öffnest, beginnt sich Vertrauen zu entwickeln. Hast du je die Eichhörnchen in einem Park beobachtet? Wenn du einem eine Erdnuß zuwirfst, wird es zuerst weghüpfen, eine gewisse Distanz wahren und sich fragen, ob es dir vertrauen kann. Aber wenn du die Erdnuß in der offenen Hand hältst, dann wird das Eichhörnchen langsam näher kommen. Nach einer Weile wird dir sogar ein so sprunghaftes Tier wie ein Eichhörnchen aus der Hand fressen.

Bei Menschen brauchen wir statt der Erdnuß ein offenes Herz, aber du mußt es dem anderen genauso geduldig und still zeigen. Wir alle haben manchmal Angst, unsere Gefühle zu zeigen, nämlich dann, wenn wir glauben, wir würden dadurch schwach wirken oder auf Ablehnung stoßen. Aber wenn wir uns gestatten, einfach mit anderen Menschen zusammenzusein, still und mit offenem Herzen, dann stellt sich ganz von selbst Vertrauen ein.

Denke an jemanden in deinem Leben, der dir so viel Raum läßt, daß du du selbst sein kannst. Solche Menschen sind unendlich kostbar. Ich hätte viel lieber eine Stütze in meinem Leben, die mir Vertrauen gibt, als eine, die mir Stärke verleiht. Strecke also deine Fühler aus, und suche jemanden, der dir erstens zuhört und zweitens akzeptiert, was du fühlst.

In Einklang sein

Der dritte Schritt bedeutet letztlich nichts anderes als akzeptieren. Wenn sich zwei Herzen verbinden, heißt das immer, daß sie einander akzeptieren. Und zwar deswegen, weil keiner der beiden denkt: ›Ich kann doch meine wertvolle Zeit nicht damit verschwenden, mich mit dir abzugeben.‹ Wenn du in Harmonie bist, hast du genausoviel Zeit für andere Menschen wie für dich selbst. Liebende brauchen oft nicht zu sprechen, weil sie wie ein einziger Mensch fühlen. Was ist, wenn du nicht verliebt bist? Dann kannst du trotzdem die Kluft zwischen dir und den Menschen, denen du begegnest, schließen. Fühle einfach, was der andere fühlt. Tust du das, ohne zu urteilen, dann passiert immer eines: Du erkennst: ›Ich habe genauso gefühlt.‹ Dann bist du in Einklang mit dem anderen.

Es liegt in der Natur des Menschen, zu urteilen, aber es liegt auch in der Natur des Menschen, sich über ein Urteil zu erheben. Es ist deine Wahl. Urteilen bedeutet jemand anderen erniedrigen. Wenn du es nicht aushältst, daß jemand in deiner Nähe weint, deprimiert ist oder ständig kritisiert, halte inne, und frag dich selbst: ›Bin ich besser als diese Person?‹ Antwortest du mit Ja, dann urteilst du über diesen Menschen. Und er weiß es, denn sein Herz vermag dieses heimliche Gefühl der Überlegenheit in dir zu lesen.

Die Wahrheit aber ist, daß wir alle schon geweint haben, einen Zornesausbruch hatten und andere kritisiert haben. Gefühle passieren. Wenn du sie als Teil des Lebens akzeptierst, kannst du beginnen, auch andere Menschen zu akzeptieren, bis du irgendwann *alle* Menschen akzeptierst, mit deinem ganzen Herzen. Manchmal glaube ich, die Welt könnte über Nacht transformiert werden, wenn die Goldene Regel lauten würde: ›Hege anderen gegenüber die gleichen Gefühle wie dir gegenüber.‹ Genau das denkt mein Herz – und auch dein Herz, wenn ich nicht irre.

Der Weg des Geistes

»Deine Seele sendet dir ständig Botschaften«, bemerkte Baba. »Manche ganz alltäglichen Gedanken sind solche Seelenbotschaften. Wußtest du das? Damit will die Seele dir zeigen, daß es eine zweite Art gibt zu leben: den Weg des Geistes.«

Ich war inzwischen hungrig geworden, und noch bevor ich etwas sagen konnte, holte Baba ein großes Tuch aus seiner Tasche. Als er es öffnete, war ich überrascht, als ein Fladenbrot zum Vorschein kam, gefüllt mit Curry-Kartoffeln und sogar ein paar Mango-Pickles, die ihm noch zusätzliche Würze verliehen – nicht zu sauer, nicht zu bitter. Er brach das Brot in zwei Hälften, und wir begannen, genüßlich zu essen.

»Was sind das für Botschaften?« fragte ich.

»Das kann man nicht voraussagen«, sagte Baba. »Die Seele ist gerne unvorhersehbar. Ihr macht es Spaß, wenn es für dich immer wieder spannend ist, die nächste Seite deines Lebens aufzuschlagen. Du mußt dir also einen offenen Geist bewahren. Das ist der Schlüssel zu diesem zweiten Weg.«

»Ich habe einen offenen Geist, aber ich empfange keine Botschaften«, protestierte ich.

»Meinst du.« Plötzlich schlug Baba die Hände zusammen. Als er sie wieder öffnete, hielt er in der rechten eine Goldmünze. »Möchtest du die?«

»Na, klar«, sagte ich schnell und fragte mich, warum er das Thema gewechselt hatte.

»Ich gebe sie dir, wenn du von 100 in Dreierschritten rückwärts zählen kannst«, sagte er.

»Mehr muß ich nicht tun?« fragte ich mißtrauisch. Die Münze war groß und sah wertvoll aus; sie erinnerte mich an Piratengold.

»Wenn du das schaffst, dann hast du bewiesen, daß du den Weg des Geistes gemeistert hast.« Baba hob seinen Zeigefinger in die Luft wie eine Startpistole bei einem Rennen. »Beginn jetzt! Los!«

Da war keine Zeit fürs Zaudern. »Okay«, sagte ich. »Einhundert, siebenundneunzig, vierundneunzig, einundneunzig...« Baba ließ mich eine Weile zählen und beobachtete mich einfach. Aber als ich bei sechsundsiebzig angekommen war, lehnte er sich herüber zu mir und begann mir ins Ohr zu flüstern.

Er flüsterte mir irgendwelche Zahlen zu: »Siebenundzwanzig, fünf, achtundvierzig...«

Ich versuchte, mich auf meine Aufgabe zu konzentrieren, aber es war hoffnungslos, und ich verzählte mich.

»Zu schade«, sagte er. »Du hast dich ablenken lassen.« Und er ließ die Münze in seine Tasche gleiten.

»Laß es mich noch einmal versuchen«, bat ich. »Ich werde mich dieses Mal wirklich konzentrieren.« Baba nickte, und ich begann wieder, rückwärts zu zählen, wobei ich mir dieses Mal die Ohren zuhielt und die Augen schloß, um alle Ablenkungen abzuwehren.

»Einhundert, siebenundneunzig, vierundneunzig – aua! Was machst du?«

Ich hatte gerade einmal drei Zahlen aufgesagt, als Baba seine Hand in Richtung meines Kopfes ausstreckte, als wollte er mir ein Haar ausreißen. Und prompt verzählte ich mich wieder.

»Entschuldige«, sagte er. »Ich fürchte, ich habe dich nervös gemacht.«

»Wie kannst du erwarten, daß ich es richtig mache, wenn ich Angst haben muß, daß du mir die Haare ausreißt?«

Baba stand auf. »Ich stelle mich dort drüben hin, dann gibt es keine Ablenkung, und du brauchst keine Angst zu haben. In Ordnung?«

»Alles klar«, sagte ich vorsichtig, nahm aber an, daß er noch einen anderen Trick parat hatte.

»Keine Tricks mehr«, sagte Baba, meine Gedanken erratend. Er entfernte sich ein paar Schritte. »Mach einfach dort weiter, wo du aufgehört hast.«

»Ich weiß nicht mehr, wo ich aufgehört habe«, sagte ich.

Er schaute erfreut. »Nun weißt du, warum die Menschen die Botschaften, die ihnen die Seele schickt, nicht erhalten. Sie sind zu zerstreut oder zu besorgt oder zu vergeßlich. Nur wenn du dich von diesen Hindernissen befreien kannst, wirst du einen offenen Geist haben. Dann wirst du Meister des zweiten Weges sein.«

Er nahm die Münze aus seiner Tasche und

schnipste sie mir in hohem Bogen zu, und zu meiner Ehrenrettung fing ich sie beim ersten Versuch, trotz all der Schwierigkeiten, die mir Baba bereitet hatte.

Was ich gelernt habe: Diese Lektion überraschte mich, weil ich angenommen hatte, der Weg des Geistes handle vom Denken. Aber Baba sagte mir, daß sein Kopf nicht voller Gedanken sei, und schon gar nicht voll weiser Gedanken. Sein Geist war offen, das heißt, er war wach, wachsam, bereit für alles. Das, sagte er, ist der einzige Weg, sich für die Botschaft der Seele empfänglich zu machen.

Der Weg des Geistes verlangte von mir, drei Dinge zu tun – oder, besser gesagt, nicht zu tun: Ich durfte nicht länger zerstreut sein. Ich mußte aufhören, mir Sorgen zu machen. Ich sollte aufhören zu vergessen. Diese drei Dinge blockieren den Geist, indem sie uns in eine Art Nebel versetzen. Später konnte ich diesen Nebel sozusagen sehen, denn jeder hat Freunde, die ständig verwirrt herumlaufen, sich ständig Sorgen machen und sich nie an etwas zu erinnern scheinen, vor allem nicht an wichtige Dinge. Wenn du den Kontakt mit deiner Seele verlierst, meinte Baba, wie kannst du dann erwarten, daß sie dir hilft?

Abgelenkt sein

Ablenkungen lauern überall, und es ist leicht, sich in ihnen zu verlieren. Man sagt, Kinder seien heutzutage süchtig nach Computerspielen, so wie frühere Generationen süchtig nach Telefongesprächen waren. Aber egal wie – der Grund dafür, daß wir zerstreut und abgelenkt sind, ist fast immer der gleiche: Der Geist kann sich nur schwer auf ein Ding konzentrieren.

Mit deinen Freunden zu plaudern ist angenehmer, als Gras zu mähen. Fast alles, was wir am Computer machen, ist lustiger als Hausaufgaben. Eine Ablenkung ist im Grunde ein Umweg oder ein Seitenweg, und Kinder gehen normalerweise mit Absicht solche Umwege (genauso wie Erwachsene!). Milliarden von Dollars werden jedes Jahr ausgegeben, um uns mit Filmen, TV-Shows, Spielen und Vergnügungsparks zu versorgen – wir lassen uns unsere Ablenkungen sehr viel kosten.

So viel Spaß uns diese Dinge auch machen – vielleicht fragst du dich trotzdem: »Will ich wirklich von dem abgelenkt werden, was ich eigentlich bin?« Die Seele ist Teil von uns. Sie will uns alles geben. Solltest du zahlen, um den Kontakt zu ihr zu verlieren? Das ist eine Entscheidung, über die jeder Jugendliche nachdenken sollte. Was passiert, wenn du vollkommen auf ein Computerspiel konzentriert bist und dein Vater mit dir reden will? Es fällt dir wahrscheinlich nicht leicht, dich loszureißen, und wenn du es tust, fühlst du dich ausgenutzt und ärgerst dich.

Überlege aber eines: Deine Seele spricht mit viel leiserer Stimme zu dir als deine Eltern, und sie klopft nie an die Tür, wie frustrierte Eltern es tun, wenn sie deine Aufmerksamkeit anders nicht bekommen können. Es reicht schon eine kleine Ablenkung, und du hast die Spur deiner Seele verloren. Baba lehrte mich, daß ein Augenblick echter Aufmerksamkeit, in dem du wirklich auf das achtest, was in dir ist, genausoviel wert ist wie eine Stunde des Herumwanderns auf den Umwegen der Ablenkung.

Sich Sorgen machen

Jeder Jugendliche kennt die gefürchteten Worte: »Warte, bis dein Vater nach Hause kommt«. Als ich aufwuchs, wurden sie bei mir zu Hause nur selten gesagt, aber ein paarmal reichten mir, um zu verstehen, wie das Sichsorgenmachen funktioniert. Dann sitzt du auf Nadeln. Auch wenn noch nichts Schlimmes passiert ist, bist du sicher, daß etwas Schlimmes bevorsteht.

Deine Seele will nicht, daß du dir Sorgen machst. Sorgen sind unwirklich. Sie bereiten im voraus Schmerzen, und deine Seele ist nicht Teil von etwas, was dir Schmerzen bereitet. Menschen, die eine Katastrophe, wie zum Beispiel einen Tornado oder eine Überschwemmung durchgemacht und überlebt haben, erzählen, daß es zehnmal leichter war, mit der Krise selbst zurechtzukommen, als darauf zu warten, daß sie passiert. Die beste Heilung für Sorgen besteht darin, sich dem zu stellen, was einem angst macht.

Sorgen verschwinden, wenn du dich mit dem, wovor du Angst hast, auseinandersetzt. Sobald du weißt, wie du mit einer Situation umgehen kannst, wird dir deine Seele helfen, ein Gefühl der Sicherheit zu entwickeln; sie wird dir helfen, dich sicher zu fühlen. Beobachte dich selbst in der Situation. Spiel im Geist durch, was du tun und sagen wirst. Sei vollkommen ehrlich bei all jenen Dingen, von denen du weißt, daß sie wahr sind. Jedes Mal, wenn dein Geist sagt: *Was, wenn?*, antworte: »Dann werde ich X tun.«

Je konkreter du der Angst ins Gesicht schaust, desto besser. Manche Spitzensportler visualisieren ein ganzes Spiel im vorhinein, bevor sie sich aufs Spielfeld begeben. Sänger üben ihre Lieder, Schauspieler sagen ihren Text auf. Natürlich wird ein Teil von dir sagen: »Denk einfach nicht dran.« Aber ist es dir schon je wirklich gelungen, nicht an das zu denken, wovor du Angst hast? Dein Geist wird immer und immer wieder darauf zurückkommen, egal, wie sehr du es auch verhindern willst.

Vor allem aber mußt du wissen, daß du überleben wirst, egal, was passiert. Wenn du daran zweifelst, dann such jemanden, dem du vertraust, damit du hören kannst, wenn diese Person es dir sagt. Die Bestätigung, die du so erhältst, ist ein Echo dessen, was dir deine Seele sagt.

Vergessen

Es ist schwer zu beschreiben, wie es ist, wenn du deine Seele vergißt. Du fühlst dich dann wie ein Millionär, der glaubt, arm zu sein, weil er sich nicht erinnern kann, wieviel Geld er auf der Bank liegen hat. Es ist, als würdest du deine Brillen suchen, die du schon auf deiner Nase trägst.

Mit anderen Worten: Es ist eine besondere Form des Vergessens. Wenn du deinen Geldbeutel im Supermarkt liegengelassen hast, dann kann es sehr wohl sein, daß er noch dort ist, wenn du zurückgehst – oder auch nicht. Du bist verunsichert, weil du nicht weißt, was tatsächlich sein wird. Aber deine Seele ist immer da, du brauchst dich nur an sie zu erinnern. Der Weg des Geistes könnte auch Weg des Erinnerns heißen – du erinnerst dich selbst daran, daß dein Geist immer da ist; er ist in dir, rund um dich, überall. Das ganze Universum vibriert mit jedem Gedanken, sagt die Wissenschaft. Die Botschaften, die deine Seele aussendet, sind manchmal wie plötzliche Blitze, manchmal aber auch nur ein beständiges Gefühl, das dir tief in deinem Herzen zu verstehen gibt: Du gehörst dazu, du bist in Sicherheit, du bist Teil von allem. Um diese Botschaften empfangen zu können, brauchst du nur eines: Du darfst nie vergessen, daß deine Seele sie ausschickt.

Wir saßen wieder im Schatten der Bäume, denn es war die heißeste Zeit des Tages. Baba hatte aufgehört zu reden. Er saß jetzt ganz, ganz still. Ich sah, wie ein einzelnes Blatt vom Baum herabfiel. Es schwebte durch die Luft und drehte sich beim Herabfallen um seine eigene Achse. Baba sah es auch.

»Denkst du, du könntest es fangen?« fragte er.

Ich wußte, wie schwer es ist, ein fallendes Blatt zu fangen, weil ich es früher bereits versucht hatte. Ich griff danach, aber der nächste Luftzug schien das Blatt außer Reichweite zu tragen – nichts ist widerspenstiger als ein Blatt, das nicht gefangen werden will.

»Schaffst du es?« fragte ich nach meinem mißlungenen Versuch.

Ein zweites Blatt fiel in unsere Richtung. Baba griff nicht danach, ja, er schaute nicht einmal hin. Als das Blatt direkt vor seinem Gesicht angekommen war, schoß seine Hand nach vorn, und er fing es, als gäbe es nichts Leichteres auf der Welt.

»Hast du das gesehen?« sagte er. »Ich bin wie eine Schlange in der Sonne. In einem Augenblick bin ich so still, als würde ich schlafen, aber wenn ich zuschlage, dann blitzschnell, mit vollkommener Sicherheit. Nun kennst du den Schlüssel zum dritten Weg, nach dem du leben solltest, wenn es nach deiner Seele ginge – den Weg der Stille.«

»Ich glaube nicht, daß Stillsein jemandem Treffsicherheit verleiht«, sagte ich zweifelnd.

»Du hast noch nicht die richtige Stille gefunden«, sagte er. »Diese Stille bedeutet viel mehr, als nur ruhig zu sein. Die Stille schärft den Geist, wie ein Pfeil, der bereit ist, durch die Luft zu fliegen. Aber sie macht den Geist auch weich, wie die Pfote einer Katze, wenn die Krallen eingezogen sind. Die Pfote einer Katze ist empfindlich und scharf gleichzeitig.«

»Aber kein Mensch ist sich je einer Sache wirklich sicher, oder?« fragte ich.

»Nein?« sagte Baba. »Hast du dir noch nie in dem Moment, als du einen Menschen zum ersten Mal sahst, gesagt: ›Er wird mein bester Freund sein‹? Bist du noch nie am Morgen aufgewacht und hast genau gewußt, daß irgend etwas Besonderes passieren würde? Die Seele hat eine Eigenschaft: Sie weiß etwas mit untrüglicher Sicherheit.

Beim Weg der Stille geht es darum, die Fähigkeit

zu entwickeln, etwas mit Sicherheit zu wissen«, sagte Baba. »Du kannst lernen, entspannt und still zu sein, aber wenn es Zeit ist, eine Entscheidung zu treffen, wirst du imstande sein zu handeln! Einfach so!«

Was ich gelernt habe: Beim Weg der Stille geht es nicht darum, der Stille wegen still zu sein. Stille ist jener Zustand, in dem du dich ganz von selbst befindest, wenn du dir einer Sache sicher bist, weil der Geist nur so lange zu dir plappert, solange er zweifelt. Baba lehrte mich ein spiritueller Krieger zu sein. Das ist ein Begriff, den du vielleicht schon einmal gehört oder gelesen hast. Spirituelle Krieger kämpfen nicht mit anderen Menschen; sie kämpfen darum, nicht im geistigen Nebel und Zweifel unterzugehen. Es handelt sich also nicht um eine Kampfkunst.

Statt dessen üben sich spirituelle Krieger darin, zu erkennen, wer sie sind. Wenn du dir dieser einen Sache sicher bist, dann ist der Rest kinderleicht. In Indien gibt es ein altes Sprichwort: »Ich bin Das.« Das bedeutet, daß du, wenn du alle Etiketten beiseite läßt, reiner Geist, reine Essenz bist. Normalerweise sagen wir: »Ich *habe* eine Seele«, aber spirituelle Krieger sagen: »Ich *bin* die Seele.« Diese Weisheit ist eines der erhabensten Ziele, das du in deinem Leben anstreben kannst. Im alten Indien hätten sie gesagt »Ja, das ist wahr. Ich bin Das«, um genau dieses Ziel zum Ausdruck zu bringen.

Du hast sicher schon Bilder von buddhistischen Mönchen in ihren roten und safrangelben Roben gesehen, die meditieren, oder von christlichen Mönchen, die ihr Gebet in Stille verrichten. Beide treten dabei in Verbindung mit diesem Das. Sie üben, alle Eigenschaften ihres Geistes zu erwekken. Und Das ist intelligenter als alles, was wir uns vorstellen können. Es haucht bloßer Materie Leben ein. Der Zucker in einer Zuckerdose ist im wesentlichen der gleiche Zucker, den dein Gehirn als Nahrung braucht (der Zucker im Körper wird Glukose genannt), und doch hat mit ihm eine magische Verwandlung stattgefunden. Der Zucker in der Zuckerdose ist einfach Zucker in einem Behälter. Der Zucker in deinem Gehirn jedoch verwandelt sich in Musik und Malerei, in Wissenschaft und Architektur – all die großen Errungenschaften der Menschen. Und er verwandelt sich in Liebe, und diese Liebe ist noch weit geheimnisvoller als alles andere.

Diese innere Sicherheit ist nichts, was du erzwingen kannst. Du kannst beschließen, immer vertrauensvoll zu handeln, aber das ist nicht dasselbe. Du besitzt die Macht, dieses Das in was immer du willst zu transformieren. Die Werkzeuge sind einfach: Du denkst, du fühlst, du handelst. Jeder von uns bedient sich ständig dieser Werkzeuge. Aber ihre Wirkungsweise wirklich zu beherrschen – das ist die Fähigkeit eines spirituellen Kriegers. Wie jede andere Fertigkeit muß sie trainiert und praktiziert werden. Der Weg der Stille verlangt von dir, daß du es dir zum Ziel setzt, zu lernen, was Das bewerkstelligen kann.

Vielleicht dachtest du, ein Gebet sei eine gute Möglichkeit, Gott um etwas zu bitten, oder die Meditation sei ein Weg zu innerem Frieden. Aber es geht dabei um weitaus mehr. Gebet und Meditation sind im Grunde verschiedene Formulierungen des Wunsches: »Verwandle mich in etwas Besonderes; ich möchte transformiert werden.« Du wendest dich mit diesem Wunsch gleichzeitig an Gott, an deine Seele und an dich selbst. Da alle drei aus diesem Das bestehen, hören alle drei deine Bitte, und du beginnst in diesem Moment, verwandelt zu werden.

Wenn du beobachten willst, wie du dich in etwas Besonderes verwandelst, dann ist es gut, jeden Tag ein paar Minuten lang still zu sein. Ich sitze gerne allein da und folge meinem Atem, wie er ein- und ausströmt. Ich mache das normalerweise zehn Minuten lang, meist mit geschlossenen Augen, und fühle, wie mein Atem frei fließt. Ich kämpfe nicht gegen die Gedanken an, die aufsteigen; ich nehme Empfindungen in jedem Teil meines Körpers wahr, ich lasse meine Achtsamkeit dorthin gehen, ohne mich dagegen zu wehren. Es ist eine ganz einfache Übung, aber mit jedem Tag wird die Stille tiefer. Auch bei dir wird sie immer tiefer werden, und du wirst mit der Zeit eine gewisse sehr kostbare Sicherheit erlangen – die Sicherheit, daß das, was so besonders an dir ist, dieses Das ist: die Seele, die in allem und jedem existiert.

Der Weg des Handelns

»Der vierte Weg, den du – ginge es nach deiner Seele – in deinem Leben befolgen solltest, ist der Weg des Handelns«, sagte Baba. »Jeder muß handeln, aber nicht alle Handlungen sind spirituell.«

»Worin liegt der Unterschied?« fragte ich.

Ohne zu antworten, zeigte Baba nach oben. Ich schaute auf und sah über meinem Kopf einen kleinen braunen Vogel, der uns von seinem Ast aus beobachtete. Baba hatte aufgehört zu sprechen; seine Aufmerksamkeit galt einzig und allein dem Vogel. Also dachte ich, es sei besser, wenn ich ihn auch beobachten würde.

Der Vogel war eine Art Spatz. Nach ein paar Sekunden wurden wir ihm langweilig, und er begann vor und zurück zu picken. Bald verstand ich, warum. Er trug winzige Bündel aus Gras und Ästchen, um daraus ein Nest zu bauen. Allerdings schien er völlig planlos zu handeln. Der Vogel sprang in ziellosem Zickzack vor und zurück. Manchmal hielt er inne, um einen Samen zu essen, den er zufällig gefunden hatte. Im nächsten Moment erblickte er einen anderen Spatz und flog in dessen Richtung, um ihn zu vertreiben, was fünfzehn Sekunden Aufregung bedeutete. Bald aber erinnerte sich der Vogel wieder daran, daß er ja eigentlich ein Nest bauen sollte, und hüpfte wieder zurück, um das nächste Grasbüschel zu holen.

»Was denkst du?« fragte Baba nach einer Weile.

»Dieser Vogel ist überall und nirgends«, sagte ich.

»Ja, er scheint keinen besonderen Plan zu verfolgen, oder?« sagte Baba. »Er fliegt dorthin, wohin ihn der nächste Impuls treibt. Für mich ist das ein Wunder.«

»Warum? Alles, was ich da erkennen kann, ist ein planloser Vogel.«

Baba schüttelte den Kopf. »Wenn du deinem nächsten Impuls folgen kannst und der Himmel noch immer über dich wacht, dann ist das das größte Wunder. Es ist der Weg des Handelns in äußerster Vollendung. Der Vogel hat keinen Plan für sein Leben und kennt keine Sorgen. Er folgt seinen Instinkten, und irgendwie wird trotzdem alles bestens getan.«

Es fiel mir schwer, so zu denken. »Warum schmieden die Menschen dann so viele Pläne, und warum machen sie sich so viele Sorgen?« fragte ich.

»Das Problem sind nicht die Pläne«, antwortete Baba. »Das Problem besteht darin, daß wir vergessen, daß das Leben eigentlich frei von Sorgen sein sollte. Was du jetzt in diesem Augenblick möchtest, sollte auch das Beste sein, was dir in diesem Augenblick widerfahren kann. Dann würdest du dasselbe Wunder wie ein Vogel oder jedes andere Wesen erleben. Ja, sogar noch ein größeres, denn Tiere können nicht entscheiden, sich zu verändern, aber du kannst es.«

»Und wie mache ich das?« fragte ich.

Aber er beobachtete bloß den Spatz, der weiterhin im Zickzack hin und her flog, ohne eine Sekunde innezuhalten. »Wir sind schon lange da«, sagte Baba. »Dein Tag ist um, und ich versprach dir, dich nur einen Tag aufzuhalten. Nun kennst du die vier Wege der Seele. Geh heim, und denk darüber nach.«

»Warte«, sagte ich, »was, wenn wir einen zweiten Tag hätten? Was würdest du mich dann lehren?«

»Wie du bekommen kannst, was du willst«, sagte Baba. »Die vier Wege der Seele haben auch eine praktische Seite. Das könnte dich interessieren.«

Natürlich interessierte mich das. »Wie kann ich dich finden? Wirst du morgen wieder hier sein?«

Aber Baba sprang nur auf seine Füße. Der Spatz beschloß, tiefer in den Wald zu fliegen, und der alte Mann hatte nichts anderes im Sinn, als ihm zu folgen. Er blickte mich noch einmal über seine Schulter an, und einen Augenblick später verschwanden beide im dunklen Schatten des Waldes.

Was ich gelernt habe: Das letzte, was man vom Weg des Handelns erwarten würde, ist, daß es dabei um Wunder geht. Es ist eine sehr schöne Vorstellung, daß Wunder geschehen können. Aber irgendwann mußt du entscheiden, ob Wunder auch *dir* passieren sollen. Baba dachte, es sei möglich. Für ihn ist jeder Tag ein Wunder, solange du die Seele auf deiner Seite hast. Dann verändern sich deine Handlungen, weil sie aus deiner Seele zu kommen beginnen.

Praktisch gesprochen, fühlt sich ein aus der Seele kommendes Handeln so an:

1. Du handelst makellos: Das bedeutet, daß du dein Bestes gibst, daß du nicht betrügst, daß du nicht den leichtesten Weg wählst, daß du nie einen anderen Menschen Verantwortung für etwas übernehmen läßt, wofür du selbst die Verantwortung tragen mußt.

2. Du schenkst dein Handeln den anderen. Anstatt selbstsüchtig zu sein, machst du alles, was du tust, freiwillig, als Dienst am anderen. Du bist

denen gegenüber, die dich lieben, voller Hingabe. Und du vollendest Dinge, weil sie deiner Vision entspringen.

3. Du findest heraus, worin dein einzigartiges Talent liegt, und bleibst ihm treu.

4. Du kümmerst dich nicht um Lob oder Belohnung. Es sagte einmal jemand sehr zu Recht, daß du, willst du Erfolg haben, einem anderen Menschen zum Erfolg verhelfen mußt.

5. Konzentriere dich eher auf die Reise selbst als auf das Ziel deiner Reise. Bleibe also mit deiner Aufmerksamkeit bei dem, was du gerade tust, um möglichst viel aus diesem Moment herauszuholen, statt dich auf Ereignisse und Dinge zu konzentrieren, die noch gar nicht stattgefunden haben.

6. In deinem Inneren weißt du, daß deine Handlungen aus dem Universum kommen und ins Universum zurückkehren.

7. Du hältst nichts fest, du klammerst dich an nichts. Dein Ziel besteht darin, für alles Wertvolle im Leben zu sorgen und es hochzuhalten, aber immer mit dem Wissen, daß letzten Endes niemand etwas besitzt. Das einzige, was du wirklich besitzen kannst, bist du selbst.

Ein Spatz oder irgendein anderes Tier handelt nicht, um etwas richtig zu machen. Der nächste Impuls, der sich einstellt, entspricht genau dem, was das Tier machen sollte. Es gibt mehr Komplikationen in deinem Leben als in dem eines Spatzen, aber dieselbe unendliche Intelligenz ist imstande, auch das komplexeste Leben wunderschön, friedlich, geordnet und erfüllt sein zu lassen. Du brauchst nicht wegen jeder Kleinigkeit zu kämpfen und zu streiten. Du kannst darauf vertrauen, daß du immer deinen Weg finden wirst. Du kannst in Frieden leben, denn alles, was dir widerfährt, ist richtig. Du kannst fühlen, daß deine innere Sehnsucht verstanden wird und zu ihrer Zeit Erfüllung findet.

Baba eröffnete mir also anhand dieses kleinen Vogels eine ganz neue Sicht der Dinge. Gelänge es mir, frei von Sorgen zu sein und trotzdem alles zu erreichen, was ich will, dann würde sich mein ganzes Leben wie ein einziges Wunder anfühlen. Nach unserem ersten gemeinsamen Tag war ich neugierig, was er sich für den zweiten ausgedacht hatte.

Zweiter Tag: Wie werden Wünsche wahr?

Leben ist Wünschen

Baba ließ mich nicht lange warten: Er kehrte ein paar Tage später zurück. Nur traf ich ihn dieses Mal nicht unter dem knorrigen Baum, sondern neben der Straße. Er kam auf mich zu.

Ich war wieder in der Schule gewesen. Niemand hatte mich wegen des einen geschwänzten Tages zur Rechenschaft gezogen; wie diese Zauberei funktioniert hat, werde ich wohl nie erfahren. Vielleicht kannte Baba ja viel mehr Tricks, als ich mir vorstellen konnte. Als die Glocke die Mittagspause einläutete, stürmte ich mit den anderen Jungen hinaus – meine Schule war damals eine reine Jungenschule – und riß mir meine Krawatte vom Hals, während ich zum Fußballfeld lief.

Ich war in der Verteidigung und wartete auf den Anpfiff, als etwas meine Aufmerksamkeit erregte; es war ein weißer Fleck in der Ferne. Baba beobachtete uns vom Flachdach der Schule aus. Alle anderen waren so vertieft ins Spiel, daß sie ihn nicht bemerkten. Oder vielleicht war Baba nur für mich da. Egal – ich rannte vom Spielfeld und ignorierte die Rufe meiner Mitspieler, die mir folgten.

Als ich die quietschende Tür öffnete, die auf das Dach führte, erwartete ich fast, Baba dort gar nicht anzutreffen. Aber er war dort: Er saß seelenruhig auf der Brüstung.

»Manche werden wahr, aber viele nicht«, sagte er. Er hatte es kaum der Mühe wert gefunden, sich umzudrehen, als ich auf dem Dach ankam. »Weißt du, wovon ich spreche?«

»Nein.« Ich hatte mich inzwischen daran gewöhnt, daß Baba in Rätseln mit mir sprach.

»Wünsche«, sagte er. »Schau hier runter.«

Er deutete auf das Fußballfeld: Ein verrücktes Gedränge und Geschrei war im Gange. Die Jungen rannten das Spielfeld rauf und runter und traten gegen den Ball, als ob es um ihr Leben ginge.

»Es ist nicht wichtig, worum es geht«, sagte Baba, der meine Gedanken gelesen hatte. »Wenn du etwas wirklich willst, dann ist es schwer, nicht daran zu denken. Jeder Augenblick zählt, bis dein Wunsch wahr geworden ist.«

»Aber viele Wünsche gehen nie in Erfüllung«, sagte ich, indem ich seine Worte wiederholte. »So funktioniert doch das Leben, oder?«

»Nein«, sagte Baba. »Wenn deine Wünsche nicht in Erfüllung gehen, dann sind sie gegen den Lauf der Welt. Schau her, ich zeige dir, was ich meine.«

Sein Finger hatte zwischen zwei Ziegeln der Brüstung ein Büschel Gras gefunden. »Ein Samen ist hier oben gelandet, wo es keine Erde gibt. Er ging in einem Häufchen Staub zwischen diesen Ziegeln auf. Ein bißchen Regen fand den Weg in dieses Versteck, und nun explodiert hier das Leben.« Er schnippte mit den Fingern gegen das Gras. »Jeder Halm ist so zart, daß du ihn ganz leicht zerquetschen kannst, aber trotzdem steht hinter diesem Gras das Leben selbst. Die Macht des Lebens ist unwiderstehlich. Geh in die Stadt, und du wirst sehen, wie Grasbüschel überall auf den Straßen zwischen Tonnen von Beton wachsen, dort, wo jeden Tag die Autos drüberfahren.«

»Aber das betrifft das Gras«, sagte ich. »Was hat das mit einem Wunsch zu tun?«

»Das Leben hat einen überwältigenden Wunsch«, sagte Baba, »nämlich, zu wachsen. Deine Wünsche sind alle Teil des Lebens, und sie verdienen es, die Macht des Lebens hinter sich zu wissen.«

»Willst du damit sagen, daß jeder Wunsch in Erfüllung gehen sollte?«

»Genau das will ich sagen«, antwortete Baba.

»Aber das geht doch nicht.« Ich zeigte hinunter auf das Fußballfeld. »Beide Seiten wollen gewinnen. Sie kämpfen, um diesen Wunsch in Erfüllung gehen zu lassen. Aber am Ende hat dann eine Partei verloren. Für sie ist der Wunsch nicht in Erfüllung gegangen.«

»Du hast vollkommen recht«, sagte Baba. »Aber du hast den Faktor X außer acht gelassen. Der Faktor X ist spirituell. Er verwandelt Niederlagen in Siege, weil in einer tieferen Wirklichkeit alle Wünsche in Erfüllung gehen *müssen.* Sie haben gar keine andere Wahl.«

»Das ist aber schon sehr geheimnisvoll«, sagte ich.

»Und dieses Geheimnis wollen wir an unserem zweiten Tag lösen, falls du dich bereit dazu fühlst«, sagte Baba.

Er wartete gar nicht auf meine Antwort. Fünf Minuten später führte er mich die Stufen hinunter vom Dach. Wir ließen meine Schule sehr schnell hinter uns, und die Rufe vom Fußballfeld waren bald nur noch als schwache Echos aus der Ferne zu hören.

Was ich gelernt habe: Baba hatte sehr viel darüber zu sagen, wie Wünsche in Erfüllung gehen. Diese Begegnung war nicht wirklich eine Unterweisung, aber bevor wir überhaupt richtig begonnen hatten, lehrte sie mich etwas sehr Wichtiges: Ich hörte auf, das Leben rund um mich her als Routine, als etwas Mechanisches, zu betrachten. Macht sich denn irgendwer wirklich Gedanken über ein Büschel Gras, das da auf dem Gehsteig wächst? Es ist einfach da. Aber jeder Grassamen platzt vor Wünschen. Er muß sich geradezu ausdehnen und wachsen. Er nutzt jede Chance zu sprießen. Er nutzt jede Gelegenheit, Hindernisse zu umgehen. Wünsche sind nichts anderes als solche Samen – sie wollen, daß etwas geschieht, und auch wenn der Wunsch nur klein und unbedeutend ist, kann er nicht nachgeben, bis er sein Ziel erreicht hat.

Das Wunder besteht also nicht darin, daß wir

alle so viele Wünsche, Träume und Hoffnungen hegen, das Wunder besteht eher darin, daß sie nicht alle in Erfüllung gehen. Baba glaubte fest daran, daß sie alle wahr werden sollten. Nein, sie müssen geradezu, weil die unwiderstehliche Kraft des Lebens sich nie mit einem Nein begnügt. Wenn du dich mit einem Nein als Antwort begnügst – und das tun wir alle –, dann will der Geist die Art und Weise verändern, wie wir uns selbst sehen. Nur eine Seite kann ein Fußballmatch gewinnen, aber das hat einen Haken: Der Faktor X ist am Werk, und was du an der Oberfläche siehst, ist nicht immer das, was du bekommst.

Der Wunschbaum

Wir gingen die Straße in Richtung Dorf hinunter, als Baba fragte: »Was würdest du dir wünschen, wenn du dir alles wünschen könntest? Würdest du dir Reichtümer wünschen?«

»Ja«, sagte ich, ohne auch nur einen Augenblick zu zögern.

»Möchtest du berühmt und bekannt sein?«

»Ja, das klingt auch ganz gut«, sagte ich.

Er lächelte. »Im Märchen hat man immer drei Wünsche offen. Was wäre dein dritter Wunsch?«

»Versprich mir, daß du es niemandem verrätst, aber ich würde mir wünschen, daß mich jemand liebt«, sagte ich.

»Von ganzem Herzen?« fragte Baba. »Du mußt ganz präzise sein.« Ich fühlte, wie meine Wangen zu glühen anfingen. Bevor ich noch irgend etwas stammeln konnte, sagte Baba: »Sehr gut, dieser Wunsch kommt wirklich aus deinem tiefsten Herzen. Wir haben also drei Wünsche, mit denen wir arbeiten können. Nun, dann laß einmal sehen.«

Er begann, den Horizont abzusuchen, wie ein alter Kapitän, der nach einem Hafen Ausschau hält. »Irgendwo hier ist es. – Ah, ja«, sagte er dann und deutete auf den höchsten Baum in der Ferne. »Den brauchen wir.«

Wie verließen die Straße und bahnten uns den Weg durch ein Feld, bis wir beim Baum angekommen waren. Baba sagte: »Das ist ein Wunschbaum. Er gibt den Menschen, was sie sich schon seit sehr langem wünschen.«

»Bist du sicher, daß du das nicht einfach nur erfindest?« Ich hatte mich langsam an Babas Taktiken gewöhnt.

Baba deutete auf die Rinde, in die tiefe Kerben eingeritzt waren. »Das ist der Grund, warum ich weiß, daß er ein Wunschbaum ist«, sagte er und setzte zu folgender Erklärung an: »Wunschbäume haben in Indien eine jahrhundertelange Tradition, auch wenn sie für moderne Menschen mehr Legende als Tatsache sind. Jeder in diesem Teil des Landes kennt diese Wunschbäume aus den Erzählungen der Großmütter, und vielleicht war der Glaube an sie in dieser Gegend stärker verwurzelt als woanders, denn eines Tages kam ein Dorfbewohner hier vorbei und träumte von seiner Zukunft. Er machte unter einem Baum Rast und dachte: ›Wenn ich nur reich wäre!‹

Als er nach Hause zurückgekommen war, fand er zu seinem Erstaunen dort, wo seine Hütte gestanden hatte, eine Villa, vollgestellt mit jeder Menge Schätze. Sofort war ihm klar, daß er einen Wunschbaum gefunden hatte. Er erzählte niemandem, woher sein Reichtum stammte. Er verließ das Dorf noch in dieser Nacht und ward nie mehr gesehen.

»Aber ein Jahr später«, erzählte Baba, »kehrte er mit einer Axt zurück und begann auf den Baum einzuhacken und ihn zu verfluchen. ›Du hast mir nie gesagt, daß es die Leute auf mein Geld abgesehen haben würden, und nun geht es mir ganz elend‹, schrie er. ›Ich kann niemandem vertrauen, ich weiß nie, ob mich jemand um meiner selbst willen mag oder um meines Geldes willen. Tag und Nacht muß ich mir Sorgen darüber machen, daß ich alles verlieren könnte, weil ich nicht weiß, wie ich mit dem Geld umgehen soll.‹

Er hieb auf den Baum ein, bis er völlig erschöpft war. Aber der Baum hielt stand.

Die Zeit verging, und eines Tages ging eine junge Frau aus dem Dorf im Wald spazieren. Sie setzte sich unter den Baum, um sich auszuruhen, und ein Wunsch nahm in ihr Gestalt an: ›Wenn ich nur berühmt wäre. Es muß so wunderbar sein, die berühmteste Frau auf der Welt zu sein.‹

Als sie nach Hause kam, war ihr Haus von Fernsehkameras und Reportern belagert. Eine riesige Menge hatte sich versammelt, und sobald die Fans die junge Frau erspähten, fielen sie kreischend über sie her. Außer Atem schaffte sie es gerade noch, in ihr Haus zu kommen. Als sie sich am Tag darauf wieder hinauswagte, mußte sie feststellen, daß die Kameras und Reporter noch immer da waren. Sie winkte, stieg in eine Limousine und ward nie mehr im Dorf gesehen.

Aber ein Jahr später«, sagte Baba, »schlich sie sich mit einer Axt in der Hand zurück zum Wunschbaum. Sie begann auf ihn einzuschlagen und ihn wüst zu verfluchen. ›Du hast mir nicht gesagt, daß man mich nie in Ruhe lassen würde. Ich kann nirgends hingehen, ohne angestarrt zu werden, jedes kleine Mißgeschick wird in den Zeitungen zur Tragödie aufgebauscht, und Hunderte Menschen pro Tag fragen mich um Hilfe, wo ich doch schon kaum mehr mit meinem Leben zurechtkomme. Mir geht es so miserabel.‹

Sie schlug auf den Baum ein, bis sie vollkommen erschöpft war. Aber der Baum hielt stand.

Wiederum verstrich einige Zeit. Dann ging zufällig eine junge werdende Mutter im Wald spazieren. Sie machte unter dem Baum Rast und träumte von den Freuden, ein Baby zu haben. ›Ich wünsche mir nichts anderes als die Liebe meines Babys und meines Mannes‹, dachte sie. ›Wenn sie mich nur für immer lieben würden!‹

Sie ging nach Hause, und ihr Ehemann begrüßte sie mit Umarmungen und Küssen. Zwei Wochen später kam ihr Kind auf die Welt, und in dem Moment, in dem es seine Augen öffnete, schaute es seine Mutter voller Bewunderung an.

Sehr viel Zeit war verstrichen, als die Mutter wieder in den Wald ging. Es vergingen fünf Jahre«, sagte Baba, »und dann kam sie in Fetzen gekleidet zurück und hackte wütend mit einer Axt auf den Baum ein und verfluchte ihn. ›Mein Mann liebt mich so sehr, daß er es nicht übers Herz bringt, von meiner Seite zu weichen, um zur Arbeit zu gehen. Jetzt haben wir kein Geld mehr. Meine kleine Tochter hört nicht auf zu schreien, wenn ich nicht immer bei ihr bin, wenn sie wach ist. Obwohl sie mich aufrichtig lieben, habe ich keinen Frieden. Ich bin die elendste Frau auf der ganzen Welt.‹

Auch sie hieb auf den Baum ein, bis sie vollkommen erschöpft war, aber der Baum hielt stand.«

Baba strich mit seiner Hand über die Wunden, die diese Menschen hinterlassen hatten.

»Weißt du, was da schiefgegangen ist?« fragte er. »Sie alle wünschten sich Äußerlichkeiten, und das ist es, was der Baum ihnen gab. Jeder hatte ein äußeres Bild von Reichtum, Berühmtheit und Geliebtwerden, aber Bilder sind nicht das, was deine Seele sich für dich wünscht. Du mußt aus deinem Inneren wünschen, dann wirst du Zugang zur höchsten Weisheit erlangen.«

Was ich gelernt habe: Diese Lektion handelte vom Unterschied zwischen einem Wunsch, der dir hilft, und einem, der dir nicht hilft. Alle drei Personen, die den Wunschbaum fanden, bekamen, was sie sich gewünscht hatten, und ihr Leben veränderte sich dementsprechend, aber nur im Äußeren. Sie vergaßen, sich eine innere Veränderung zu wünschen. Egal, wieviel Geld der Mann besaß, in seinem Inneren war er nicht reich. Egal, wie berühmt die Frau war, diese Berühmtheit hatte keinen inneren Wert. Egal, wie sehr die junge Mutter von anderen Menschen geliebt wurde, sie wußte nicht, wie sie sich selbst lieben sollte.

Baba lehrte mich, daß meine Seele alle meine Wünsche, die aus meinem Inneren kamen, hörte. Die Seele hört, was die Menschen sich wirklich wünschen. Als Erwachsener hörte ich von einer interessanten Studie auf diesem Gebiet. Leute wurden gefragt: »Was wünschen Sie sich?« Und bei jeder Antwort fragte man sie, warum sie sich das wünschten. Das sah ungefähr so aus:

›Was wünschen Sie sich genau jetzt, in diesem Moment?‹

›Ich möchte einen tollen Körper haben.‹

›Warum?‹

›Weil ich dann attraktiver und selbstbewußter wäre.‹

›Warum?‹

›Weil die anderen Menschen mich wahrnehmen würden, und das ist wichtig.‹

›Warum?‹

›Weil es mich glücklich macht, und ich möchte glücklich sein.‹

Das Experiment zeigte, daß letzten Endes immer ein und dieselbe Antwort kommt, vorausgesetzt man fragt lange genug nach dem Warum und diese Antwort heißt: »Weil ich glücklich sein will.« Dabei spielte es keine Rolle, was die Befragten am Anfang als Wunsch angaben – Geld, Bekanntheit, Ruhm, eine bessere Arbeit. Letzten Endes wünschten sie sich alle Glück.

Baba lehrte mich, daß wir dieses Glück, wenn wir es uns nur wirklich wünschen, auch direkt haben können. Der Ort, an dem Glück immer verfügbar ist, ist dein Inneres. Du mußt dir deine eigene Freude erschaffen. Besitztümer können das nicht für dich tun, genausowenig können es andere Menschen. Natürlich bist du glücklich, wenn du mit deinen Freunden zusammen bist oder wenn du dir etwas kaufst, was du dir schon lange ersehnt hast. Aber diese Phasen des Glücks sind zeitlich begrenzt. Deine Seele weiß das, und deswegen führt sie dich zu den Wurzeln des Glücks, nicht zu dessen Blättern und Zweigen.

Äußerlich gesehen ist das Leben immer unbeständig, was ein Grund mehr dafür ist, Glück nicht von solchen Äußerlichkeiten abhängig zu machen.

Einmal habe ich folgende Geschichte gehört: Vier Brüder kamen zu einem weisen Mann und sagten: »Unser Großvater ist gestorben und hinterließ uns hundert Goldstücke. Aber er sagte nicht, wie wir das Geld aufteilen sollen. Könnt Ihr uns sagen, wie wir es am besten aufteilen?«

Der weise Mann sagte: »Wollt ihr es so aufteilen, wie es die meisten Menschen aufteilen würden, oder so, wie Gott es aufteilen würde?«

»So, wie Gott es tun würde«, sagten die vier Brüder.

Da gab der weise Mann dem ersten Bruder achtzig Goldstücke, fünfzehn dem zweiten, vier dem dritten und nur ein Goldstück dem letzten Bruder.

»So hätte Gott es aufgeteilt?« fragten sie erstaunt.

»Ja«, sagte der weise Mann. »Hättet ihr gewollt, daß ich es so aufteile, wie es die meisten Menschen tun würden, dann hätte ich jedem von euch gleich viel gegeben!«

Die schönen Dinge auf der Welt sind nicht gleichmäßig verteilt. Manche Menschen bekommen einen größeren Anteil, als sie verdienen, während andere weniger bekommen. Aber das bezieht sich nur auf Äußerlichkeiten. In seinem Inneren kann jeder ein Leben erlangen, das gleiche Freude und gleiches Glück bedeutet. Baba riet mir, mir nur ein einziges Ding zu wünschen, nämlich: »Mach mich innerlich reich!« Und reich sein heißt, so von Freude und Zufriedenheit erfüllt zu sein wie nur irgend möglich. Er versicherte mir, daß meine Seele mir tagtäglich helfen würde, diesen Wunsch in Erfüllung gehen zu lassen, egal, mit wie vielen oder wenigen äußeren Dingen ich konfrontiert bin.

»Auch ohne Wunschbaum gibt es einen magischen Weg, einen Wunsch in Erfüllung gehen zu lassen«, sagte Baba. Er streckte seine Hand aus. »Da«, sagte er, »ich gebe ihn dir.«

»Ich sehe aber nichts«, antwortete ich.

»Ich gebe dir einen Faden. Du kannst ihn nicht sehen, weil er unsichtbar ist«, sagte Baba. Er war erst zufrieden, als ich so tat, als ob ich den Faden aus seiner Hand aufnehmen und in meine legen würde.

»Du brauchst jetzt nichts anderes zu tun, als diesem Faden zu folgen. Er wird dich zu all dem führen, was du dir wünschst.«

Ich war verwirrt. »Was, wenn ich mir ein Auto wünsche? Ich bin zu jung, um überhaupt Auto fahren zu dürfen. Es gibt im Dorf praktisch keine Autos und auch keinen Autohändler im Umkreis von hundert Meilen. Wie will es dieser Faden schaffen, mir ein Auto zu besorgen?«

»Er wird es schaffen«, sagte Baba und lächelte vertrauensvoll. »Komm, ich zeige dir, wie das geht.«

Wir gingen eine Zeitlang die Straße entlang, und

ich konnte schon fast die ersten Häuser des nächsten Dorfes sehen.

Baba begann etwas in den Büschen zu suchen. »Hier! Da gehen wir weiter«, rief er.

Ich ging dorthin, wo er stand. »Ein Spinnennetz?« sagte ich.

»Stimmt, und wo ist die Spinne?« fragte Baba. Das Netz war zwischen zwei Büschen gesponnen und, wie es schien, erst an diesem Morgen. »Sobald die Spinne ihr Netz fertiggestellt hat, spinnt sie einen letzten Faden. Sie zieht ihn bis in ein Versteck und bleibt dort sitzen. Sie wartet darauf, daß er zu vibrieren beginnt. Sobald er sich bewegt«, sagte Baba, »weiß sie, daß sie ihre Beute gefangen hat.«

Wenn ich ganz genau hinschaute, konnte ich den Faden, von dem Baba sprach, tatsächlich sehen, obwohl ich die Spinne nach wie vor nicht ausmachen konnte.

»Was passiert, wenn du diesen hauchdünnen, fast unsichtbaren Faden durchschneidest?« fragte Baba. »Die Spinne wäre von all ihrer harten Arbeit abgeschnitten.«

»Das stimmt«, sagte ich und hob meine Hand, die den unsichtbaren Faden hielt. »Aber dieser Faden führt nirgendwohin.«

»Oh doch, er führt sehr wohl irgendwohin«, sagte Baba. »Deine Seele hat diesen Faden gesponnen. Er führt dich zu dem, was du dir wünschst. Bleib in Verbindung mit deiner Seele, und du wirst Schritt für Schritt herausfinden, daß du zu deinen geheimsten Wünschen geführt wirst. Aber wenn du diesen Faden durchschneidest, führt er nirgendwohin.«

Was ich gelernt habe: Ich wußte, was Baba mit dem Spinnennetz meinte, aber ich brauchte lange, bis ich herausfand, wie mein unsichtbarer Faden funktionierte.

Nehmen wir das Beispiel mit dem Auto. Baba wußte, daß ich ein paar Jahre darauf warten müßte, daß ich Fahrstunden nehmen und meine Prüfung bestehen müßte – und dann hoffen, daß mein Vater mir mein eigenes Auto kaufen würde. Diese Schritte folgten logisch aufeinander. Jeder Schritt war notwendig, und jeder Schritt ergab sich zu seiner Zeit. Dem Faden zu folgen war hier also nicht das Problem.

Gehen wir aber einen Schritt weiter. Wie steht es mit Wünschen, die viel schwerer zu verwirklichen sind? In meiner Familie gab es einen unmöglichen Traum, der das Leben aller Familienmitglieder veränderte, und ich erzähle dir die Geschichte, weil sie sehr gut zeigt, wie faszinierend so ein Faden sein kann.

Vor vielen Jahren gab es da einen jungen Mann aus Indien, der sich nichts sehnlicher wünschte, als Arzt zu werden. Er durchlief seine Ausbildung und machte seine Diplome, aber dann kam ein Krieg, er ging zur Armee, und es gab für ihn keine Möglichkeit mehr, sein Studium abzuschließen.

Zufälligerweise wurde dieser junge Mann einem der wichtigsten Beamten des Landes zugeteilt, dem britischen Vizekönig von Indien. Nach Ende des Krieges wandte sich der Vizekönig, der über Millionen von Menschen geherrscht hatte, an seinen Gehilfen und sagte: »Du hast mir gute Dienste erwiesen. Gibt es irgend etwas, was ich für dich tun kann? Frag einfach.«

Ohne zu zögern, antwortete der junge Mann. Er wolle gemeinsam mit britischen Ärzten seine medizinische Ausbildung fortsetzen, sagte er. Der Vizekönig erfüllte ihm seinen Wunsch. Als der junge Mann jedoch in das Ausbildungsspital kam, ignorierte jeder diesen stillen Inder, der dort gar nicht hingehörte. Er betrieb sein Studium sehr ernsthaft und konnte alle Fragen beantworten, wurde aber nie gefragt.

Eines Tages begleiteten die Studenten einen der berühmtesten britischen Ärzte bei seiner Visite. Die ranghöheren Ärzte machten jeden Tag ihre Runde durch die Krankenzimmer, mit den Studenten im Schlepptau, die ihnen wie Entenküken folgten. Als sie bei einem bestimmten Patienten angekommen waren, fragte der berühmte Arzt: »Wer kann mir sagen, woran dieser Mann leidet?«

Es handelte sich um einen schwierigen Fall, und keiner der britischen Studenten meldete sich. Aber der junge Inder zeigte auf, und so mußte er um seine Meinung gefragt werden, und seine Antwort war richtig. Nach diesem Zwischenfall konnten ihn die Lehrer nicht mehr ignorieren. Eines Tages rief ihn der berühmte britische Arzt in sein Büro.

»Ich fahre morgen nach England zurück«, sagte ihm der berühmte englische Arzt, »und Sie haben mich beeindruckt. Gibt es irgend etwas, was ich für Sie tun kann? Fragen Sie einfach.«

Zum zweiten Mal in seinem Leben wurde dem jungen Mann bewußt, daß sein Wunsch tatsächlich in Erfüllung gehen könnte. Er sagte dem britischen Arzt, daß er gerne in London weiterstudieren und eine Ausbildung zum Herzspezialisten machen würde. Und so stand mein Vater, Krishan Chopra, eines Tages auf einem Schiff nach England. Das war der Beginn seiner Karriere als erster Herzspezialist Indiens.

Ergab sich diese Kette von Ereignissen aus purem Zufall? Baba lehrte mich, nicht so zu denken. Mein Vater wurde von seiner Seele unterstützt. Da er seinem Wunsch, der aus seiner tiefsten Seele kam, treu blieb, fand sich auch ein Weg, ihn Wirklichkeit werden zu lassen.

Jeder von uns hat Wünsche und Träume, und sie zu verwirklichen ist wichtig. Auch deiner Seele ist das wichtig. Aber sie bietet uns ihre Hilfe nicht lautstark an – ja, in Wirklichkeit gibt sie uns überhaupt keinen Rat. Statt dessen weist sie einen Pfad, dem du folgen kannst, und so merkst du, wie dein Wunsch Schritt für Schritt Wirklichkeit wird.

Egal, welcher Traum für mich in Erfüllung gegangen ist, ich habe immer dieselben Phasen festgestellt:

Ich fragte mich in meinem Inneren, was ich mir wirklich wünschte.

Ich war präzise, und mein Wunsch war für mich tatsächlich von Bedeutung.
Ich ließ meinen Wunsch los, so daß das Universum sich ausrechnen konnte, auf welche Weise er sich am besten realisieren ließe. Mit anderen Worten: Ich machte den Weg frei für meinen Wunsch.
Ich vergeudete meine Zeit nicht damit, mich in Phantasien über die Zukunft zu verlieren.
Ich hielt nach der kleinsten Öffnung Ausschau, die auf einen möglichen Erfolg hinwies. Keine Gelegenheit war zu unbedeutend, und ich zögerte nicht, weil ich auf etwas Größeres und Besseres wartete.
Ich erwartete mir nicht, daß die Rechnung immer hundertprozentig aufgehen würde. Wenn mein Wunsch sich veränderte, bevor er sich erfüllt hatte, dann änderte ich meine Erwartungen. Nicht jeder Wunsch hat sich so realisiert, wie ich es mir vorgestellt hatte. Ich warte auf den Augenblick der Erfüllung, in dem ich sagen kann: »Gut, das ist alles, was ich wirklich wollte.«
Ich suchte überall um Hilfe, sogar in zufälligen Begegnungen, kleinen Zufälligkeiten und plötzlichen Öffnungen, mit denen ich nie im Leben gerechnet hätte.

Ich war dankbar für jeden kleinen Schritt in Richtung Verwirklichung.

Diese Schritte mögen ein bißchen kompliziert klingen, aber sie basieren auf einem simplen Muster: Deine Seele will, daß deine Wünsche in Erfüllung gehen, und sie will die Reise dorthin so angenehm und natürlich wie möglich gestalten. Ich brauchte Jahre, bis ich dieses Muster erkannte: Vom Aussäen des Samens bis zum Pflücken der Frucht wird alles von meiner Seele geplant und gemanagt. Deswegen war für Baba dieser unsichtbare Faden eines der bestgehüteten Geheimnisse des Geistes.

Vertraue deiner Seele

»Wenn sich Menschen etwas wünschen, fällt es den meisten sehr schwer, überhaupt darauf zu vertrauen, daß ihr Wunsch in Erfüllung gehen könnte«, sagte Baba. »Aber auch jetzt, in diesem Moment, bittest du um etwas und vertraust darauf, daß du es bekommen wirst. Jedes Mal, wenn du atmest, zum Beispiel, bittest du um Luft. Schlägt dir die Luft diese Bitte ab?«

»Nein«, sagte ich.

»Wenn du deinen Arm hebst, bittest du deine Muskeln, sich zu bewegen. Verweigern sie dir diese Bewegung?«

»Nein.«

»Wünsche werden also in vollem Vertrauen ständig beantwortet«, sagte er. »Wir leben in einer Welt von Wünschen, die in Erfüllung gehen.«

Als ich um mich blickte, war es leicht, zu glauben, was Baba sagte. Wir hatten im Zentrum des Dorfes haltgemacht. Überall waren Geschäfte, und die Menschen gaben Geld aus und hasteten mit ihren Einkäufen nach Hause.

»Siehst du, wie viele Wünsche heute in Erfüllung gehen?« sagte er.

»Aber diese Menschen arbeiten hart für ihr Geld«, sagte ich. »Sie glauben nicht, daß sie sich etwas kaufen können, nur weil sie darauf vertrauen, daß es von Gott kommt.«

»Sie würden aber viel mehr bekommen, wenn sie es täten«, sagte er. »Wenn du darauf vertraust, daß deine Seele dir hilft, deine Wünsche in Erfüllung gehen zu lassen, dann ist die Hälfte der Arbeit schon getan.«

»Ich weiß nicht«, sagte ich zweifelnd.

Aber Baba hatte natürlich wieder eine Herausforderung für mich bereit. »Bleib stehen, und dreh dich um, mit dem Rücken zu mir«, sagte er. »Jetzt laß dich nach hinten fallen. Keine Angst, ich fange dich auf.«

Er merkte, wie ich zögerte. »Komm schon«, drängte er mich.

Ich atmete tief ein und ließ mich nach hinten fallen. Baba fing mich auf und sagte: »Noch einmal.« Ich ließ mich noch einmal fallen, und er fing mich wieder auf. »Beim zweiten Mal war es schon leichter, nicht wahr?«

»Ja«, sagte ich.

»Und wenn wir es noch zehnmal wiederholen, würdest du mir dann vollkommen vertrauen?«

»Ich glaube schon«, sagte ich. »Vielleicht wäre ich noch immer ein bißchen nervös, denn du könntest mich ja reinlegen oder müde werden und mich verpassen.«

»Nun ja, alles, was deine Seele will, ist, daß du ihr genau die gleiche Chance gibst wie mir«, sagte Baba. »Zweifle nur, wenn du mußt, aber wenn du kannst, vertraue deiner Seele, daß sie dir hilft, zu bekommen, was du dir wirklich wünschst. Sobald du dich daran gewöhnt hast, zu vertrauen, dann tu es immer wieder. Irgendwann werden deine Zweifel vollkommen verschwunden sein.«

»Aber da bleibt doch immer ein bißchen Zweifel«, bemerkte ich.

»Wirklich?« sagte Baba. »Wir reden jetzt. Zweifelst du dabei je daran, genug Luft zu bekommen?«

»Nein.«

»Das kommt daher, daß das Atmen ein Teil von dir ist«, sagte er. »Genau das trifft aber auch auf deine Seele zu. Wenn du dem Geist vertraust, vertraust du dir selbst. Versuch es. Du wirst bald sehen, daß es nicht notwendig ist, zu zweifeln.«

Was ich gelernt habe: Warum solltest du deiner Seele vertrauen? Das ist eine gute Frage, denn die meisten Menschen vertrauen ihrer Seele nicht. Sie beten um irgend etwas, was sie wirklich haben wollen, aber falls das Gebet nicht beantwortet wird, setzen sie ihr Vertrauen in etwas anderes. Aber Baba lehrte mich, meine Seele um Dinge zu bitten und darauf zu vertrauen, daß sie sie mir auch verschafft. Für den Anfang zeigte er mir ein paar kleine Schritte:

Denke an die Farbe Rot. Kannst du sie sehen? Du hattest keine Probleme dabei, deinen Geist dazu zu bringen, Rot zu sehen, nicht wahr? Es ging automatisch. Genauso wirst du auch deiner Seele mehr und mehr vertrauen, sobald du erkennst, daß auch das automatisch geht – du mußt sie nicht zwingen, dir zuzuhören.

Stell dir vor, du holst einen Vogel aus seinem Käfig und läßt ihn frei. Kannst du darauf vertrauen, daß er zu dir zurückkommt? Würde es einen Unterschied machen, wenn es eine Brieftaube wäre? Natürlich wäre das ein Unterschied, denn Brieftauben sind darauf trainiert, wieder zurückzukommen. Genauso wirst du deiner Seele auch immer mehr vertrauen, je mehr du übst, immer und immer wieder auf sie zurückzukommen.

Wenn sich ein Bär für den Winterschlaf in seine Höhle zurückzieht, kannst du dann darauf vertrauen, daß er im nächsten Frühling wieder herauskommt? Ja, weil die Natur es so arrangiert hat, daß der Bär dem Lauf der Jahreszeiten folgt. Genauso wirst du deiner Seele immer besser vertrauen können, wenn du einmal erkannt hast, daß es eine rechte Zeit gibt für alles, was sie tut.

Wenn deine Mutter das Abendessen auf den Tisch stellt und dir sagt, du mögest aufpassen, daß der Hund nicht hereinkommt, welche Möglichkeiten hast du dann? Du könntest in der Küche sitzen und den ganzen Tag das Essen anschauen. Oder du könntest es auf ein Regal stellen, so daß es der Hund nicht erreichen kann. Genauso ist es mit deiner Seele: Wenn du sie um etwas bittest, dann mußt du auch nicht jede Minute nachschauen, was sie gerade macht. Du kannst deinen Wunsch an einen sicheren Ort stellen und einfach vertrauen.

Stell dir vor, ein paar Häftlinge befinden sich in einem Gefängnis, dessen Tür offengelassen wurde. Kannst du darauf vertrauen, daß sie nicht fliehen? Nein, weil sie natürlich gerne frei wären. Genauso will auch deine Seele, daß du frei bist, und sobald sich eine Gelegenheit bietet, dir mehr Freiheit zu geben, kannst du sicher sein, daß die Seele diese Gelegenheit nutzt.

Vertrauen in die Seele entwickelt sich nicht über Nacht. Ein einziger Wunsch ist kein guter Test, ja, nicht einmal zwei oder drei reichen aus. Baba lehrte mich, meiner Seele jeden Tag ein bißchen mehr zu vertrauen. Bitte sie immer wieder, dich an jenen hoch gelegenen Ort zu bringen, an dem Visionen Wirklichkeit werden. Deine Seele ist bereits dort, und sie wird dich auf den Gipfel mitnehmen, wenn du darauf vertraust, daß sie es tut.

»Wenn ich mit dir zusammen bin, hab ich das Gefühl, alles wäre möglich«, sagte ich. »Ich glaube, meine Zukunft wird aufregend sein, und dieses Gefühl hatte ich nicht immer. Ich bin jetzt anders.« Baba und ich hatten uns in ein Stückchen Wald in der Nähe des Dorfes zurückgezogen. Wir waren außer Sichtweite der Kinder, die vom Mittagessen zurückkamen.

»Aber manchmal wirst du auch einen Rückschlag in Kauf nehmen müssen, wie jeder von uns«, sagte Baba. »Dann wirst du wieder an die Ausgangsposition zurückkehren. Das ist die menschliche Natur.«

»Ich würde versuchen, es besser zu machen«, sagte ich.

»Wirklich?«

Lächelnd reichte er mir das letzte Chapati, ein Fladenbrot, in das etwas von einem Curry-Gericht eingewickelt war, wie wir es schon am ersten Tag gegessen hatten. »Mit diesen Höhen und Tiefen zurechtzukommen ist für jeden schwer. Mach es dir gemütlich, und versuche, nicht einzuschlafen, während ich dir eine kleine Geschichte erzähle.«

Das Mittagessen hatte Baba nicht im geringsten müde gemacht, und so erzählte er mir die Geschichte von solchen Höhen und Tiefen, während ich es mir unter dem Baum gemütlich machte.

»Es war einmal ein Mann, der zwei Dinge mehr als alles andere auf der Welt liebte. Das eine war sein Sohn und das andere ein Pony. Eines Tages wachte der Mann jedoch auf und entdeckte, daß das Pony ausgerissen war. Ein Suchtrupp machte sich auf den Weg, aber das Pony wurde nicht gefunden.

›Das muß schrecklich für dich sein‹, sagte ein Nachbar, als er erfuhr, was geschehen war.

Aber der Mann wirkte ganz ruhig. ›Es ist noch nicht vorbei‹, murmelte er.

Am nächsten Tag wachte der Mann auf, und es war nicht nur sein Pony zurückgekehrt, sondern es hatte sogar einen wunderbaren weißen Hengst mitgebracht. Als er diese Neuigkeit hörte, sagte der Nachbar: ›Du mußt ja überglücklich sein. Du hast dein Pony und ein neues Pferd, das doppelt so schön ist.‹

Aber der Mann wirkte ganz ruhig und sagte: ›Es ist noch nicht vorbei.‹

Als sein Sohn am nächsten Tag den weißen

Hengst ritt, fiel er herunter und brach sich ein Bein. Als der Junge stöhnend vor Schmerz ins Haus getragen wurde, sagte der Nachbar: ›Was für ein schrecklicher Unfall! Wie sehr mußt du leiden, wenn du deinen Sohn so verletzt siehst.‹

Aber der Mann wirkte ganz ruhig und sagte: ›Es ist noch nicht vorbei.‹

Am nächsten Tag kam die Armee. Sie nahmen alle waffentauglichen jungen Männer mit, um sie in den Krieg zu schicken, aber als sie den Sohn des Mannes mit seinem gebrochenen Bein sahen, gingen die Soldaten weiter und ließen ihn zurück. Der Nachbar stürzte herüber und sagte: ›Was für ein Glück du hast! Alle jungen Männer mußten in den Krieg ziehen, nur nicht dein Sohn!‹

Aber der Mann zuckte nur mit den Schultern: ›Es ist nie vorbei.‹«

Baba schaute mich an, als er fertig war. »Diese Geschichte ist eine Parabel. Der Nachbar steht für den Geist, der Vater steht für die Seele. Der Geist läßt sich angesichts der Höhen und Tiefen des Lebens immer aus der Ruhe bringen. Aber dieses Auf und Ab hört nie auf, denn es liegt in der Natur des Lebens. Das Heute kann nicht versprechen, was das Morgen bringen wird.«

»Wenn sich auch alles andere verändert, eines ändert sich nicht: deine Seele«, sagte Baba. »Sie ist nicht da, um sich zu verändern. Sie ist da, um zu beweisen, daß es einen Teil in dir gibt, der beständig ist. Seeleute hatten früher Angst, weit aufs Meer hinauszufahren, bis sie den Polarstern entdeckten. Mit diesem einen Stern, der seine Position immer beibehält, waren sie in der Lage, in weit entfernte Gebiete zu segeln, ohne Angst haben zu müssen. Das nächste Mal, wenn du den Polarstern siehst, erinnere dich daran, daß deine Seele sich nie verändern oder bewegen wird, egal, welche Sorgen dein Geist sich auch machen mag.«

Baba hatte noch mehr zu erzählen, aber ich konnte meine Augen nicht mehr offenhalten. Der würzige Geruch des Grases unter meinem Kopf ist das letzte, woran ich mich erinnern kann. An das und an Baba, der so ruhig dasaß, daß es nicht schwerfiel, sich vorzustellen, daß auch er sich nie verändern würde.

Was ich gelernt habe: Diese Lektion handelte vom Gleichgewicht. In Babas Geschichte vom Pony ist der Nachbar traurig, wenn etwas schiefgeht, und glücklich, wenn etwas gutgeht. Wandel und Veränderung sind alles, was er kennt. Aber der Vater macht einen Schritt zurück und läßt alles auf sich wirken. Er hat eine umfassendere Sicht der Dinge, und so kann er ruhig und gelassen sein. Er hat sein Gleichgewicht gefunden.

In der Natur geht es um dieses Gleichgewicht. Schau dir einen Baum an. Seine Blätter wiegen sich im Wind, während der Stamm vollkommen fest und stabil bleibt. Dein Geist ist genauso. Tausende von Gedanken durchzucken ihn, aber es gibt da einen Kern in dir, der unberührt bleibt, egal, was passiert. Baba wollte, daß ich springe und mich von diesem Fluß treiben ließe. Aber er wollte auch, daß ich stark genug bin, um einem Sturm standhalten zu können. So lernte ich, mich nicht wegen einer Sache aufzuregen, nur weil alle anderen deswegen aufgeregt sind. Ich lernte, einen Freund zu schätzen, der auch in einer Krise einen kühlen Kopf bewahren konnte. Ich lernte, still zu sitzen und abzuwarten, was als nächstes kommen würde.

Das klingt, als ginge es nur um ganz kleine Dinge, aber deine Seele tut solch kleine Dinge. Sie sorgt umsichtig für dich und macht sich nur selten bemerkbar. In ihrer Stille sagt sie: ›Ich bin immer da für dich, egal, was passiert.‹

»Gut, nun geh wieder zurück«, sagte Baba. Wir hatten gewartet, bis alle aus dem Dorf zurückgekehrt waren, und dann begleitete er mich wieder zum Tor meiner Schule.

»Wirklich? Ich dachte, ich würde bei dir bleiben«, sagte ich. Ich konnte meine Enttäuschung nicht verbergen.

»Ich werde zurückkommen, wenn der Himmel es so will«, sagte Baba geheimnisvoll. Er drehte sich ohne weitere Erklärung um und ging. Mir blieb nichts anderes übrig, als wieder in die Klasse zu gehen. Während der ganzen Mathematik- und Geschichtsstunde mußte ich an Baba denken. Als endlich die Schlußglocke läutete, stürmte ich hinaus, um zu schauen, ob er nicht doch auf mich wartete. Aber er war nicht da, und was den Himmel betraf: Es hatte angefangen zu regnen.

Anfangs regnete es nur leicht, und so beschloß ich, nach Hause zu gehen. Minuten später wurde der Himmel schwarz, und es goß in Strömen.

»Furchtbares Wetter«, sagte eine vertraute Stimme. Ich drehte mich um, und da stand Baba, mitten auf der schlammigen Straße.

»Wo kommst du denn her?« fragte ich und wischte mir den Regen, der in kleinen Bächen von meiner Stirn rann, aus dem Gesicht.

»Formsache«, sagte er. »Dein Training ist zu wichtig, um sich mit Formsachen aufzuhalten. Schau, ich habe dir zwei Dinge mitgebracht, aber du kannst nur eines haben. Es liegt an dir.«

In einer Hand hielt er einen geschlossenen Regenschirm, in der anderen einen Riegel Schokolade.

»Den Schirm«, sagte ich, ohne zu zögern, und nahm ihn aus seiner Hand. Ich öffnete ihn, und Baba und ich verschwanden darunter. Wir machten uns wieder auf den Weg. Aber nun wurden die Wolken von Blitzen durchbrochen. Ein Blitz schlug ganz in unserer Nähe im Wald ein, so daß ich einen Satz machte.

»Es wird schlimmer«, sagte Baba. »Aber ich kann dir eines von zwei Dingen geben. Entweder dieses neue Taschenmesser« – er hielt es in seiner Hand – »oder Schutz vor dem Gewitter.«

»Schutz vor dem Gewitter!« Ich schrie, denn der Wind hatte sich schon zu einem tobenden Sturm gesteigert.

Wir gingen um die nächste Kurve, und zwischen den Bäumen erspähte ich eine kleine Hütte. Baba und ich rannten darauf zu, und eine Minute später waren wir in Sicherheit. Ich war so durchnäßt und fror, daß ich am ganzen Körper zu zittern begann.

»Ich wünschte, es gäbe ein bißchen Feuerholz oder einen Heizapparat«, murrte ich.

»Ich kann dir eines von zwei Dingen geben«, sagte Baba wieder. Er hielt ein flauschiges weißes Handtuch in einer Hand und einen glänzenden Silberring in der anderen.

»Das Handtuch«, sagte ich, wenn auch nicht so schnell wie vorher. Ich wollte nicht unbedingt einen Silberring, auch wenn dieser ausschaute, als wäre er wertvoll.

Als ich mich abtrocknete, sagte Baba: »Die Seele will, was du gerade getan hast. Sie legt ihre Aufmerksamkeit auf das, was du wirklich brauchst. Heute hast du einen Schirm, einen sicheren Unterschlupf und ein Handtuch dringender gebraucht als einen Schokoladeriegel, ein neues Taschenmesser oder einen Silberring. Es ist leicht, sich viele Dinge zu wünschen – wer tut das nicht? Aber zu wissen, daß die Seele an dem arbeitet, was man wirklich braucht – das ist etwas wirklich Seltenes.«

Was ich gelernt habe: Wenn du dich fragst: »Was brauche ich?«, dann mag die Antwort einfach erscheinen. Vielleicht brauchst du ein Abendessen, weil du hungrig bist, oder ein bißchen Ruhe und Stille für deine Hausarbeiten. Aber die Seele denkt an jene Bedürfnisse, die du nicht sehen kannst. Manche liegen zum Beispiel weit in der Zukunft. Auf der materiellen Ebene funktioniert auch die DNA auf diese Art und Weise. Sie weiß, daß ein Baby zwei Garnituren Zähne braucht, zuerst die Milchzähne und dann die bleibenden Zähne. Es ist nicht Sache eines jeden Babys, zu entscheiden (abgesehen davon, daß es das gar nicht könnte), weil die Natur im vorhinein für alles Notwendige gesorgt hat.

Genauso wie deine DNA besitzt auch deine Seele ein Wissen über die Zukunft. Baba lehrte mich, daß sich jedes Leben Stufe um Stufe entfaltet. Was ich als Fünfzehnjähriger brauche, ist nicht das, was ich als Erwachsener mit eigener Familie brauchen würde. Aber verglichen mit der DNA ist das, wofür die Seele planen muß, tausendmal komplizierter, weil jedes Wort, jeder Gedanke, jede Handlung zählt, während sich ein Leben entfaltet. Das Wissen deiner Seele bezieht sich nur auf dich allein, nicht auf jemand anderen. Die DNA läßt jedem Kind gleichermaßen Milchzähne wachsen, während die Seele jeweils ein einzigartiges Leben planen muß.

Was brauchst du also? Laß dich ein auf diese Entdeckungsreise, und finde es für dich heraus. Würde ein Schicksal für alle passen, dann wären alle Kinder gleich gescheit, gleich beliebt und gleich gute Sportler. Fühl dich nicht benachteiligt, wenn du deiner Meinung nach nicht genug von etwas hast, denn deine Seele hilft dir, ein Leben zusammenzustellen, wie es niemand anders außer dir führt. Eines Tages wird deine Aufmerksamkeit vielleicht auf einen Frosch am Rand eines Brunnens gelenkt, weil du Biologe werden sollst, während dein Freund nur das Wasser bemerkt, weil er dem Ruf des Meeres folgen soll.

Die winzigen Dinge, die du bemerkst, und die winzigen Dinge, die du dir wünschst, arbeiten zusammen. Stückchen um Stückchen fügst du tausend Puzzleteile zu einem Ganzen zusammen, und wenn das Puzzle schließlich vollständig ist, wird dieses Ganze du sein. Baba lehrte mich, darauf zu vertrauen, daß ich einzigartig bin und meine Seele genau weiß, was mich auf meine Art vollkommen macht. Wenn du das nächste Mal enttäuscht bist, weil du nicht bekommen hast, was du dir gewünscht hast, dann erinnere dich daran, daß deine Seele das, was du dir wirklich wünschst, mit dem in Übereinstimmung bringt, was du wirklich brauchst.

Deine Zeit ist gekommen

Der Regen hatte aufgehört, und Baba begleitete mich auf meinem Weg nach Hause. Als mein Haus in Sichtweite kam, sagte er: »Ich habe etwas für dich gefunden.«

»Wirklich?« Ich dachte, ich hätte ihn die ganze Zeit genau beobachtet. Aber nun hielt er einen nackten Zweig in der Hand. Vom einen Ende hing ein einsames eingerolltes braunes Blatt. Als ich genauer hinsah, bemerkte ich, daß es gar kein Blatt war.

»Eine Schmetterlingspuppe«, sagte ich. »Wann wird er schlüpfen?«

In diesem Augenblick zitterte die Puppe, und auf einer Seite öffnete sich ein kleiner gezackter Schlitz. Innerhalb von ein paar Minuten war ein Schmetterling geboren.

»Halte ihn vorsichtig, während ich dir etwas erzähle, was vor langer Zeit geschah«, sagte Baba. »Etwas, was mir passierte.« Behutsam nahm ich den Zweig aus seiner Hand und beobachtete, wie er zitterte, während Baba seine Geschichte begann.

»Eines Tages, als ich ein Junge war, brachte mein Vater einen Zweig nach Hause, der genauso aussah wie dieser hier. Er band ihn an einen niedrigen Strauch vor unserem Tor. Ich hatte noch nie einen Schmetterling aus seinem Kokon schlüpfen sehen, und jeden Tag wachte ich aufgeregt auf und dachte, heute wäre es endlich soweit.

Zwei Wochen vergingen, und als ich eines Morgens aufstand und sah, wie der Zweig zitterte, genauso wie jetzt, da war ich außer mir vor Ungeduld. Bald erschien der dunkle Kopf eines Insekts, und dann unter großen Mühen der Körper. Der neue Schmetterling war sehr schwach. Geboren zu werden hatte ihn vollkommen erschöpft.

Ich beobachtete ihn, wie er sich am Zweig festhielt. Er war so schwach, daß er seine Flügel nicht entfalten konnte. Sie waren durchnäßt und zerknittert wie zusammengeknülltes Seidenpapier. Ich hatte Mitleid mit dem armen Geschöpf und blies seine Flügel an, um sie zu trocknen. Ich blies und blies, und dann passierte etwas Schreckliches: Ich blies so stark, daß ein Flügel einen Riß bekam.«

»Was hast du dann gemacht?« fragte ich und sah in meiner Vorstellung den verkrüppelten Flügel.

»Da gab es nichts zu tun«, sagte Baba. »Ich mußte zuschauen, bis der zerrissene Flügel trocknete und der Schmetterling davonhinkte. Er konnte kaum fliegen.«

Wir waren beide einen Augenblick still, bis dann Baba sagte: »Ich habe dir die Geschichte nicht erzählt, um dich traurig zu machen. Das Ganze lehrte mich etwas, was ich nie vergaß. Die Natur weist dem Schmetterling einen Zeitpunkt zu, an dem sich seine Flügel entfalten, und niemand, nicht einmal der mächstigste aller Herrscher, verfügt über die Macht, die Geburt eines Schmetterlings zu beschleunigen. Schau dir eine Rosenblüte an, wie sie sich zu einer wunderschönen Blume auffaltet. Keine Macht auf Erden kann diesen Prozeß beschleunigen. Die Natur weiß, wann der beste Zeitpunkt gekommen ist.«

»Weiß sie auch, wann mein bester Zeitpunkt gekommen ist?« fragte ich.

»Ja«, sagte Baba. »Deine Seele weiß, wann deine Zeit kommt, und sie führt dich Schritt um Schritt. Auf diese Art und Weise paßt du vollkommen in den Plan Gottes.«

Babas Stimme, die normalerweise ganz ruhig war, war nun voller Leidenschaft. »Jeder kleine Atemzug, den du machst, hat seine Zeit, und das gilt auch für die großen Ereignisse in deinem Leben. Deine Seele kennt das Ende der Reise, aber sie verwandelt jeden Schritt auf dem Weg in ein Geschenk.«

Ich merkte, wie mir ein Schauer den Rücken hinunterlief, weil ich nie daran gedacht hätte, daß es in meinem Leben große Ereignisse geben könnte.

»In jedem Leben gibt es große Ereignisse«, sagte Baba, als ob er meine Gedanken gelesen hätte. »Jeder Schritt, den du mit deiner Seele machst, ist ein großes Ereignis, weil durch dich das Leben an sich, bis in die weiteste Galaxis, einen neuen Ausdruck findet. Dein nächster Gedanke ist so groß wie die Geburt eines Sterns, so groß wie das, was du in deiner Hand hältst.«

Ich hatte nicht mehr auf den Zweig in meiner Hand geachtet und den Moment verpaßt, in dem der Schmetterling aus seiner Puppe geschlüpft war.

Nun war er frei und hing kopfüber am Zweig. Dieses Wesen sah so schwach und hilflos aus, daß mir klar war, warum Baba als Kind Mitleid mit ihm hatte.

»Er sah vielleicht schwach aus«, sagte Baba, »aber das Leben hat diesen Augenblick Millionen um Millionen Male wiederholt. Ewigkeiten sind vergangen, aber nichts hat diese zerbrechlichen Flügel davon abgehalten, sich zu entfalten.«

Wir saßen ruhig da und sahen zu, wie die zerknitterten, feuchten Flügel nach und nach steifer wurden. Der Schmetterling zupfte und zerrte an ihnen, und sie öffneten sich wie magische Segel, bis sie schließlich zehnmal größer waren als am Anfang. Ihr stumpfes Braun verwandelte sich in strahlendstes Blau. Schließlich schien der Schmetterling zu wissen, daß er bereit war, weil er nicht mehr an seinen Flügeln zupfte, sondern mit ihnen zu schlagen begann. Sein Körper wurde in die Luft gehoben, und nach einer Minute war er verschwunden.

Was ich gelernt habe: Baba überzeugte mich davon, daß meine Seele weiß, wie ich fühle und wünsche. Sie kennt die großen Ereignisse, die in meinem Leben stattfinden werden. Alle diese Dinge sind Teil davon, so wie eine Raupe sich in einen Schmetterling verwandelt. Stell dir vor, was sie erlebt. Eines Tages kaut die Raupe ein Blatt, wie an jedem anderen Tag auch, und plötzlich kommt ihr der Gedanke: ›Vielleicht werde ich ein paar Fäden weben.‹

Dieser Gedanke war ihr nie zuvor gekommen, aber plötzlich ist diese Vorstellung so stark, daß sie Faden um Faden webt und sich in diesen Fäden einspinnt.

›Jetzt, wo ich da bin, werde ich müde‹, denkt sie. Alles wird still im Inneren. Die Raupe will nicht mehr essen; sie will nicht einmal mehr das Tageslicht sehen. Sie versinkt in eine Art von Schlaf, und was passiert dann? Jede einzelne Zelle in ihrem Körper verändert sich und läßt eine neue Gestalt entstehen. Irgendwann ist die frühere Raupe kaum mehr als ein formloser, schleimiger Klumpen, und aus dem Nichts nimmt ein neuer Körper Gestalt an.

Schließlich fühlt die Raupe den Impuls, aufzuwachen. ›Ich will nicht mehr hier drinnen sein‹, denkt sie. Und so drängt und schiebt und frißt sie sich durch die Fäden, die sie selbst gewoben hat, in die Freiheit hinaus. Alles, was sie will, ist, Sonnenlicht zu sehen, und sobald sie in der Sonne hängt, verspürt sie das Bedürfnis, zu zerren und zurren. Sie weiß nicht, daß sie Flügel hat, sie weiß nicht einmal, was Flügel sind. Aber nach ein oder zwei Minuten will sie nichts anderes als fliegen – ohne es je gelernt zu haben!

Da stellt sich jetzt eine große Frage: Kannst du auf deine Art und Weise nach einem derart perfekten Zeitplan wachsen? Kannst du entdecken, daß du überraschende Phasen durchlebst, die du nie und nimmer erwartet hättest? Die Seele ist der Ort, an dem die Zukunft ihre größten Überraschungen versteckt. Deine DNA enthält bereits den Entwurf dafür, wie dein Körper wachsen soll, was an sich schon erstaunlich genug ist. Wenn ein Baby als einzelne Zelle im Bauch seiner Mutter sein Leben beginnt, dann weiß diese Zelle bereits, wann der erste Zahn wachsen wird, wann die Augen des Babys etwas fixieren, wann seine Hände greifen können und wann es das Gleichgewicht halten kann, um zu gehen. Bevor das Baby das Licht der Welt erblickt, weiß seine DNA, daß diese Person eines Tages graue Haare bekommen wird. Eine ganze Lebensspanne ist in diesem Körnchen komprimiert, das tausendmal kleiner ist als der Punkt am Ende dieses Satzes.

Deine Seele weiß genausoviel von deinem Geist und deinem Herzen wie deine DNA von deinem Körper. Sie speichert alles in ihrem geheimen Gewölbe, jeden einzelnen Wunsch, der sich in dir regt. Du bist jedoch keine Puppe. Du kannst Entscheidungen treffen, ja, tausend Entscheidungen pro Tag. Du kannst dich entscheiden, die mächtigste Kraftquelle im Universum anzuzapfen. Genau darauf wartet deine Seele. Das größte Ereignis in deinem Leben ist der Augenblick, in dem du diese kosmische Verbindung herstellst, und Baba war dabei, mir zu zeigen, wie man das macht.

Dritter Tag: Was ist die höchste Kraft im Universum?

Alchemie

Ich sah Baba lange Zeit nicht mehr. Ich suchte ihn unter seinem Lieblingsbaum, aber Wochen verstrichen, ohne daß er aufgetaucht wäre. Ich wußte, daß er ein Wanderer ist. Er lebte nicht wirklich unter dem Baum, sondern machte dort nur Rast, bis er wieder den Drang verspürte, auf Wanderschaft zu gehen. Der Sommer kam, und ich gab es auf, noch länger nach ihm zu suchen. Ich merkte, daß ich sehr viel nachdachte. Ich zog mich oft zurück in die Hütte, die Baba während des Gewitters gefunden hatte. Dank des dichten Weinlaubs, das sie bedeckte, war sie perfekt getarnt im grünen Blattwerk des Waldes.

Eines Tages kam ich zur Hütte und hörte jemanden lachen. Und das Lachen hörte sich an, als könnte es nur einer Person gehören.

»Baba!« Als ich die Tür aufstieß, stand er in der Mitte der engen kleinen Hütte und trug wie immer sein makellos weißes Gewand, genauso wie früher. »Worüber lachst du?« fragte ich.

»Über einen kosmischen Witz, aber den erzähle ich dir später«, sagte er. Was immer das auch bedeuten mochte, ich hatte jedenfalls eine Menge zu erzählen und zu fragen, aber Baba ließ mir keine Zeit dazu. »Jetzt beginnt also dein dritter Tag«, kündigte er an. »Vielleicht habe ich vergessen, es dir zu sagen, aber ich praktiziere Alchemie, die Wissenschaft von der Verwandlung von Blei in Gold. Allerdings wäre das zu einfach. Ich ziehe es vor, mich mit der wahren Alchemie zu beschäftigen, mit jener Alchemie, die bei Menschen wirkt.«

»So etwas gibt es?« fragte ich.

»So etwas muß es geben, es funktioniert ja bei dir«, sagte er. »Du veränderst dich augenscheinlich. Kein Wunder: Ich habe in dir eine Kraft freigesetzt, die höchste Kraft im Universum, um genau zu sein.«

»Und was ist diese höchste Kraft?« fragte ich.

»Die Liebe.«

Ich merkte, wie ich rot wurde. Ich wußte nicht,

was ich sagen sollte. Baba lachte mich nicht aus wegen meiner Verlegenheit, sondern sagte: »Würde ich dich einfach wie ein Großvater oder ein Onkel lieben, würdest du aufblühen. Liebe ist wie ein Düngemittel für die Herzen – sie läßt uns wachsen und zur Sonne streben. Aber ich spreche von etwas Kosmischem, von einer Kraft, die viel mächtiger ist als die Liebe zwischen Familienmitgliedern und sogar stärker als die romantische Liebe.

Das erinnert mich an eine Geschichte, die ich hörte, als ich so alt war wie du«, sagte Baba, der mir dann folgende Geschichte erzählte.

»Es war einmal ein Mann, der liebte Gott so sehr, daß er sein Zuhause verließ, um in einem Tempel zu leben. In Indien kann Gott entweder Vater oder Mutter sein. Dieser Mann liebte die Mutter-Göttin mehr als alles andere auf der Welt, und deshalb verbrachte er seine Tage damit, Blumen auf ihrem Altar zu arrangieren und vor ihrer Statue zu beten. Er trug immer ein seliges Lächeln auf den Lippen, und die Leute redeten hinter seinem Rücken über ihn: Manche hielten ihn für besonders hingebungsvoll, andere meinten, er wäre nicht ganz richtig im Kopf.

Eines Tages machte der höchste Priester dieses

Landesteils halt in einem Tempel, der am Ufer eines Flusses lag. Als er von seinem Boot stieg, stieß er auch auf diesen frommen Gottesanhänger.

›Von dir heißt es, daß du jeden Tag der Mutter-Göttin deine Ehrerbietung darbringst‹, sagte der Priester.

›Ja‹, sagte der Fromme, der vor so einem großen Mann nervös und schüchtern war.

›Kennst du die richtigen Gebete?‹ fragte der Priester streng.

›Nein, ich besinge die Mutter mit den Worten, die ich in meinem Herzen finde‹, sagte der fromme Mann.

Der Priester runzelte die Stirn. ›Kennst du die richtigen Rituale und Opfer?‹

›Nein, ich bin nie darin unterwiesen worden‹, gab er zu und wurde mit jeder Minute nervöser.

Der hohe Priester sagte: ›Ich mache mir Sorgen um dich. Setz dich zu mir, und ich werde dich den rechten Weg lehren, Gott zu verehren.‹

So saßen sie beisammen, und obwohl der Fromme langsam und ungebildet war, war der Priester nach einer Weile zufrieden damit, daß er ihn die rechte Gottesverehrung lehrte. Am Ende des Tages bestieg der Priester sein Boot, um den Fluß wieder hinabzusegeln. Er war hundert Meter vom Ufer entfernt, als er die ganze Mannschaft schreien hörte.

›Warum der Aufruhr?‹ fragte der Priester gereizt.

Dann sah er den Frommen, der über das Wasser zum Boot gegangen kam. Er näherte sich dem Boot und sagte mit demütiger Stimme: ›Es tut mir so leid, aber könntet Ihr mich noch einmal die richtige Weise, zu beten, lehren? Ich glaube, ich habe sie vergessen.‹

Aber der hohe Priester war voller Ehrfurcht vor dem wahren Gottesanhänger auf seine Knie gefallen.

In dieser Geschichte geht es um die Liebe und darum, was sie bewirken kann, wenn sie eine kosmische Kraft ist«, sagte Baba. »Nichts im Universum ist mächtiger, und wenn du in dein Inneres blickst, siehst du, daß dieselbe Kraft in diesem Augenblick auch in dir existiert.«

Was ich gelernt habe: Kann Liebe wirklich die menschliche Natur verwandeln, so wie die alten Alchemisten versuchten, Blei in Gold zu verwandeln? Baba wollte beweisen, daß das möglich ist.

Für ihn ist Liebe eine Kraft, die durch jeden Menschen und jedes Ding fließt. Viele Jahre später erfuhr ich von einem Experiment, das in diesem Zusammenhang interessant ist. Es ging dabei um eine Gruppe von Kaninchen in einem Labor. Die Tiere wurden in Käfigen gehalten, und statt Salat und Karotten zu fressen, mußten diese Kaninchen eine extrem ungesunde Diät befolgen, denn man wollte herausfinden, ob sie einen hohen Cholesterinspiegel und Arterienverkalkungen entwickeln würden, so wie es bei Menschen der Fall ist, die sich sehr ungesund ernähren.

Nach einiger Zeit wurden die Kaninchen krank, genau wie die Forscher erwartet hatten – und zwar alle Tiere bis auf eine Gruppe. Niemand verstand, warum, weil diese Gruppe dieselbe Diät einhielt wie die anderen Tiere. Dann fand man heraus, daß etwas ganz anderes im Spiel war: Der Collegestudent, der diese Gruppe betreute, streichelte die Kaninchen und schmuste mit ihnen, bevor er sie fütterte. Die Experimentatoren mußten erkennen, daß Liebe in Form von Berührung und Fürsorge die Chemie des Körpers tatsächlich beeinflussen kann.

Ich habe dieses Experiment nie vergessen, aber

als Kind kannte ich bereits das Sprichwort: »Wenn du einem zornigen Menschen Nektar gibst, wird er ihn in Gift verwandeln, und wenn du einem erleuchteten Menschen Gift verabreichst, wird er es in Nektar verwandeln.« Es fiel mir also nicht schwer, Baba zu glauben, daß Liebe mehr als nur ein Gefühl sei. Liebe hat die Macht, Veränderungen zu bewirken. Was aber wollen die Menschen wirklich verändern?

Sie wollen geheilt werden. Damit sind sowohl der Geist als auch der Körper gemeint, weil das Leben uns auf beiden Ebenen verletzt.

Sie wollen sich sicher fühlen. Das bedeutet, ohne Angst zu leben und zu wissen, daß man akzeptiert wird.

Sie wollen Raum haben. Das bedeutet, daß sie sich freier fühlen wollen; sie wollen das erstikkende Gefühl loswerden, in einer Falle zu sitzen oder eingeschlossen zu sein.

Sie wollen sich zu großen, wundersamen Taten inspirieren lassen. Das bedarf keiner Erklärung – warum würde Hollywood sonst Jahr für Jahr Milliarden von Dollars verdienen? Wir bekommen nie genug von den phantastischen Geschichten über große, wundersame Taten.

Schau dich selbst an, jetzt in diesem Moment: Kannst du diese Veränderungen bewirken? Nein, niemand kann das allein, nur durch die Kraft des Denkens. Dazu brauchst du wahre Alchemie. Du mußt denselben Strom von Liebe freisetzen, den die Kaninchen empfingen. Baba lehrte mich, daß wahre Alchemie von innen kommt. Die Menschen verbringen viel Zeit damit, alle möglichen äußeren Lösungen zu suchen. Sie übersiedeln, sie wechseln ihren Arbeitsplatz und suchen sich neue Freunde, sie vergessen ihre Sorgen im Spiel, im Sport und im Kino. Doch sie denken nicht an Liebe, sie übersehen die höchste Kraft im Universum. Baba wollte mir vor allem begreiflich machen, daß ich nie wieder die Liebe übersehen darf.

Der Junge, der Liebe brauchte

Baba hatte ganz ruhig gestanden, als er unvermittelt, wie es bei ihm Gewohnheit war, aus der Hütte trat und direkt auf die Straße zuging. Ich rannte ihm nach, denn ich dachte, er wollte ins Dorf gehen, aber ein paar Augenblicke später hielt er inne. Wir sahen ein paar Jungen vor uns gehen.

»Schau einmal genau«, sagte er.

Ich kannte sie alle: Es waren vier Jungen aus meiner Schule, die sich an diesem Sommertag auf der Straße ihre Zeit vertrieben. Sie brauchten Zerstreuung, und in jenem Moment fanden sie etwas Vielversprechendes, denn einer der Jungen schrie: »Nie im Leben! Geh heim, Stinky!«

»Was sehen wir da?« fragte ich. Baba beobachtete jenen Jungen, den sie hänselten, ganz genau.

»Das ist einer, der einen Alchemisten bitter nötig hat«, sagte er.

Jimmy Stinky? Sein echter Name war Jimmy Starkey, und er war schon deshalb unbeliebt, weil er eine indische Mutter und einen britischen Vater hatte. Er gehörte zu jenen Kindern, die ständig gehänselt wurden. Jimmy war drahtig und klein für sein Alter. Irgend jemand – vielleicht sein Vater – hatte ihm gesagt, er müsse sich Mühe geben und sich den anderen anpassen. Und so war Jimmy jeden Samstag da, wie ein Uhrwerk, und versuchte es von neuem. Dieses Mal hatte er einen neuen Kricketball. Indische Jungen sind wahrscheinlich noch verrückter nach Kricket als nach Fußball.

»Wo hast du den Ball her?« sagte einer der anderen Jungen. »Gib ihn her.« Jimmy zögerte. »Was ist denn los? Hast du Angst, daß wir ihn dir wegnehmen?«

»Wir wollen doch nur deinen Ball sehen, Stinky. Was ist denn da nicht in Ordnung?« fiel ein anderer ein.

»Okay«, sagte Stinky zögerlich. Er gab den Ball dem ersten Jungen, und der begann, ihn in die Luft zu werfen. »Mein Vater hat ihn gekauft, für uns alle«, sagte Jimmy und klang fast hoffnungsvoll.

»Bitte, Baba, gehen wir«, sagte ich. Ich fühlte mich nicht wohl in meiner Haut, als wir ihnen so zuschauten. Ich war selbst einer von Jimmys Peinigern, und wenn Baba nicht hier gewesen wäre, hätte ich genauso gehandelt wie die Jungen, die ihn jetzt quälten. Aber Baba bewegte sich nicht vom Fleck.

Ich brauche dir nicht zu erzählen, wie diese Szene ausging. Die drei spielten mit seinem Ball herum, ohne ihn auch nur einziges Mal Jimmy zuzuwerfen. Er forderte seinen Ball zurück, aber die anderen weigerten sich, ihn herauszugeben. Schließlich warfen sie ihn in den Straßengraben und machten sich lachend aus dem Staub.

»Ich beobachte ihn«, sagte Baba. »Ich fühle sein Elend, aber ich kann mich auch in seine Peiniger hineinfühlen, die glücklich und zufrieden damit sind, wie sie ihn behandelt haben. Es ist ein kleines Drama über die Natur des Menschen, nicht wahr?« Jimmy war in den Straßengraben gestiegen und suchte seinen Ball im Gestrüpp.

Ich wollte da auf gar keinen Fall hineingezogen werden. Jimmy fand schließlich seinen Ball im schlammigen Straßengraben, und als wir an ihm vorbeikamen, ließ er den Kopf hängen, während ich in die andere Richtung schaute. Baba ließ mich in meiner eigenen Geschwindigkeit die Straße entlangmarschieren. Mir ging Jimmy nicht aus dem Kopf, und nicht nur einmal wollte ich umdrehen und ihm nachlaufen.

»Und was hättest du getan, sobald du ihn eingeholt hättest?« fragte mich Baba.

»Ich hätte ihm gesagt, daß es mir leid täte«, sagte ich.

»Was, wenn er gar nichts hören wollte?« fragte Baba.

»Dann hätte ich versucht, ihn zu überzeugen.«

»Und wie?«

Mir paßte es gar nicht, so verhört zu werden. Ich war oft genug daneben gestanden und hatte zugeschaut, während Jimmy gnadenlos malträtiert wurde. Es gab keinen plausiblen Grund, warum er mir hätte vertrauen sollen. Aber ich hatte eine Idee: »Ich könnte ihn fragen, ob er mit mir werfen und schlagen üben möchte. Er ist ein echt schlechter Kricketspieler«, sagte ich.

Baba schüttelte den Kopf. »Wenn ein Hund einmal geschlagen wurde, ist es ihm fast unmöglich, in einer ausgestreckten Hand etwas anderes zu sehen als einen Stock.«

Baba hatte noch nie so streng mit mir gesprochen, und ich wunderte mich, warum er mir noch mehr Schuldgefühle machen wollte.

»Schuldgefühle sind sinnlos«, sagte er ungeduldig. »Sie bereiten nur noch mehr Schmerzen, während du doch eigentlich die Schmerzen verringern möchtest. Es gibt aber eine unspektakuläre Möglichkeit, Jimmy zu zeigen, daß du dich innerlich verändert hast. Ich werde sie dir demonstrieren.«

Baba hätte einen großartigen Schauspieler abgegeben, denn im Handumdrehen verwandelte er sich vor meinen Augen. Er nahm eine steife Haltung an und verschränkte seine Arme wie ein Polizist, der einen schuldigen Kriminellen zur Rede stellt. Seine Augen schauten durch mich hindurch, sein Körper spannte sich an und wurde zu einem starren Pfeiler. »Wie sehe ich aus?«

»Ganz schön furchterregend.«

»Und jetzt?«

Im Nu hatte er sich wieder verwandelt. Die Spannung in seinem Körper verschwand, die Strenge in seinem Gesicht schmolz dahin, und ich sah, wie ich mich in seinen Augen spiegelte – genauso wie ich mich immer in den Augen meiner Mutter spiegelte, wenn ich aus dem Internat nach Hause kam.

»Das ist phantastisch«, sagte ich.

»Die Seele findet so viele Möglichkeiten, dem Wahren in dir Ausdruck zu verleihen«, sagte Baba. »Durch deine Körpersprache, den Klang deiner Stimme, deinen Blick – ob du Entspanntheit oder Angespanntheit ausstrahlst.«

»Ich bemerke solche Dinge nie«, sagte ich.

»Ach, wir bemerken sie alle, wir tun nur so, als würden wir sie nicht bemerken«, sagte Baba. »Das ist es ja gerade, was diese spezielle Geheimwaffe so faszinierend macht. Sie ist ganz offensichtlich und bleibt doch ein Geheimnis.«

Was ich gelernt habe: Diese Lektion handelt von der Entwicklung von Bindung und Zuneigung (die Fachleute sprechen von ›Bonding‹), und das passiert nicht über das, was du sagst oder denkst. In dem Moment, in dem ein Tier zur Welt kommt, stellt es diese spezielle Beziehung mit dem ersten Lebewesen her, das es sieht. Du kannst zum Beispiel eine Babygans ohne seine Mutter ausbrüten, und wenn ein Mensch zuschaut, wie das Küken aus der Schale schlüpft, dann wird es ihm für den Rest seines Lebens folgen, als wäre er seine Mutter. Ein Menschenbaby lernt innerhalb von wenigen Stunden nach seiner Geburt das Lächeln seiner Mutter zu erkennen, und bald suchen die Augen des Babys dieses Gesicht und erkennen es unter vielen anderen. Zwischen Mutter und Kind muß diese starke Bindung bestehen, denn nur so kann sich das Gehirn des Kindes entwickeln: indem es aufmerksam ist und erkennt, ob seine Mutter lächelt oder die Stirn runzelt. Das Gefühl dafür, wer du bist, entsteht in den ersten Tagen unseres Lebens, während deren du die Reaktionen deiner Mutter beobachtest.

Die wahrscheinlich faszinierendste Geschichte über diese Art von Beziehung, die ich je gehört habe, hat mit autistischen Kindern zu tun. Autismus ist ein Zustand, in dem Babys sich in sich kehren und der Außenwelt keine Beachtung schenken. Solche Babys zeigen kein Interesse an anderen Menschen. Sie blenden Musik und Fernsehen aus. Es ist traurig, mit anzuschauen, wie ein autistisches Kind einen ganzen Tag damit verbringen kann, sich vor- und zurückzuwiegen, gefangen in einer stummen Welt.

Diese Kinder wurden lange Zeit als vollkommen unerreichbar eingestuft, bis einige wunderbare Ausnahmen auftraten. In einem Fall begann ein autistischer Junge aus Indien Gedichte zu schreiben, obwohl er kaum sprechen konnte. In einem anderen Fall machte der Vater auf allen vieren die seltsamen Verdrehungen und Verrenkungen seines Sohnes nach, und nach vielen Monaten begann sein Sohn, ihn zu beachten – er verließ seine innere Welt und begann Zeichen von Leben zu zeigen.

Mit andere Worten: Es gelang jemandem, eine Verbindung mit diesen Kindern herzustellen und ihnen zu verstehen zu geben: *Ich bin da für dich*. Und in einem Fall begann ein autistischer Junge, der kaum Interesse an der Außenwelt gezeigt hatte, zu schreiben und zu rechnen – Fähigkeiten, die er sich selbst beigebracht hatte. Als er gefragt wurde, wie er es angestellt hatte, tippte er mit einem Finger eine Botschaft auf seinem Buchstabenbrett: »Ich habe zugehört.« Ich fühlte einen Kloß im Hals, als ich diese Geschichte hörte, weil mir plötzlich bewußt wurde, daß ein Kind in uns immer zuhört, egal, was wir draußen wahrnehmen.

Autismus hat mit einer Störung im Gehirn zu tun, er ist eine Krankheit, aber auch bei normalen Menschen ist die Macht einer derartigen Bindung erstaunlich. Ich erinnere mich an einen berühmten Augenblick während des Ersten Weltkriegs: Die feindlichen Truppen hatten einander in ihren Schützengräben bereits jahrelang gegenübergestanden und große Verluste hinnehmen müssen, sich dabei aber kaum mehr als einen halben Kilometer von der Stelle bewegt. Am Weihnachtsabend tauchten die Soldaten beider Seiten aus ihren Gräben auf und sangen Weihnachtslieder. Das Gefühl, in einem Krieg zu stehen, fiel einen magischen Moment lang von ihnen ab. Dies passierte zwar an mehreren Stellen der Front, aber viele Soldaten, die an einer bestimmten Stelle eingegraben waren, berichteten, sie hätten ein unerklärliches Licht über den Schützengräben schweben sehen, ein Licht, das manche als Engel identifizierten.

Ist das möglich? Baba lehrte mich, daß ich die Kraft der Liebe nie kennenlernen würde, wenn ich nicht begänne, solche Beziehungen herzustellen, weil die Liebe nicht fließen kann, solange sie in einem Menschen gefangen ist. Diese innige Bindung läßt sich auf einige wenige Dinge reduzieren, die du in jeder Beziehung anwenden kannst, in deiner Familie genauso wie mit Freunden:

Blicke dem anderen voller Akzeptanz in die Augen.
Zeige, daß du seinen Standpunkt verstehst.
Versuche nicht, deinen Standpunkt zu rechtfertigen.
Zeige Respekt in jeder Situation, auch wenn du wütend bist und streitest. Beide Streitpartner müssen mit dem Gefühl, geachtet zu werden, weggehen können.
Sei zu Kompromissen bereit.
Gib dein Bestes, um zu fühlen, was dein Gegenüber fühlt. Versetz dich in seine Position.
Bist du schlechter Stimmung, dann sag der anderen Person, daß es nicht ihre Schuld ist.
Schenke dem anderen deine Anerkennung, ein Lächeln und Lachen.

Stelle irgendeine Form des körperlichen Kontakts her, sofern das angemessen ist: Berühre leicht die Schulter des anderen, umarme ihn oder schüttle ihm die Hand, so daß ein Gefühl der Nähe entstehen kann.

Zeige mit deiner Körpersprache, daß du in der Gegenwart des anderen entspannt bist. Mit ›entspannter Körpersprache‹ ist gemeint, daß du Arme und Beine nicht verschränkst und deine Schultern nicht anziehst, daß du deinem Gegenüber direkt ins Gesicht schaust und daß deine Gesichtsmuskeln entspannt sind.

Eine solche Bindung und Zuneigung stellt sich automatisch ein, wenn sich dein Herz öffnet. Aber wenn du wissen willst, was mehr als alles andere negative Gefühle aus der Welt zu schaffen vermag: Es ist Respekt. Zeigst du Respekt dafür, wie jemand anders fühlt, so kannst du selbst bei gegensätzlichen Meinungen eine solche Bindung herstellen. Dein Respekt vermittelt: *Ich akzeptiere dich als Person, die mir gleichwertig ist.* Und obwohl wir das oft mit Worten ausdrücken, ist es zehnmal wichtiger, dies wirklich aus dem Herzen zu sagen.

»Gibt es ein Mädchen, zu dem du dich wirklich hingezogen fühlst?« fragte Baba.

Was für eine Frage! Die Wahrheit war, daß ich noch nie eine Freundin hatte. Damals in Indien waren wir sehr unschuldig. Teenager hielten beim ersten Rendezvous nicht einmal Händchen, auch nicht in den oberen Klassen des Gymnasiums. Ich kannte keinen Jungen, der bereits seinen ersten Kuß bekommen hatte. Meistens beobachteten wir die Mädchen aus sicherer Entfernung.

»Dann sag mir eines«, sagte Baba, als ich nicht antwortete. »Warum fühlen sich Jungen und Mädchen zueinander hingezogen?«

»Das passiert einfach so«, sagte ich. »Das ist etwas Körperliches.« Ich konnte es nicht glauben, daß Baba jetzt ausgerechnet dieses Thema anschneiden wollte.

Einer von uns beiden wirkte jedoch völlig entspannt. Baba sagte: »Körperliche Anziehung geschieht einfach, ja. Aber dahinter verbirgt sich etwas Tieferes. Das ist noch ein anderes Geheimmis der Seele, und du solltest es kennen.«

Baba legte sich zurück und starrte durch die

Blätter hindurch, die sich im leichten Wind bewegten. Sonnenstrahlen brachen durch das Laub und spielten auf seinem faltigen Gesicht. Babas Ausdruck war so entrückt, er wirkte so weit weg, als ob er an ein Mädchen in seinem Leben dachte – an eine verflossene Liebe vielleicht?

»Ich denke nicht an eine Person«, sagte er und spann meinen Gedanken weiter. »Ich überlege, wie ich dir etwas zeigen kann. Jetzt hab ich's!«

Er setzte sich auf und hatte ein Leuchten in den Augen. »Stell dir vor, du hast gerade ein schönes Mädchen getroffen. Ihr fühlt euch zueinander hingezogen, und du beginnst, sie jeden Tag zu treffen. Eines Tages bemerkst du, daß sie eine Kette mit einem glänzenden Steinanhänger trägt. ›Was ist das?‹ fragst du. Sie scheint deine Frage nicht zu hören, denn sie redet weiter über etwas ganz anderes.

Aus irgendeinem Grund geht dir dieser glänzende Stein nicht aus dem Kopf. Das nächste Mal, wenn du sie siehst, sagst du: ›Oh, du trägst den Anhänger wieder.‹ – ›Das ist nichts‹, sagt sie und beginnt, von etwas anderem zu sprechen. Nur wirkt der Stein jetzt ein bißchen größer und glänzt noch mehr.

Jetzt ist deine Neugierde geweckt, und du kommst am nächsten Tag wieder. Der Stein ist inzwischen sehr groß und leuchtend geworden. ›Was, wenn das ein Diamant ist?‹ denkst du. ›Vielleicht trägt sie einen Diamanten, der so wertvoll ist, daß sie mir nichts darüber erzählen will.‹

Kannst du dir vorstellen, wie diese Geschichte ausgeht?« fragte Baba.

»Sie erzählt nie etwas?« fragte ich zweifelnd.

»Genau. Aber der Diamant wird in deinen Augen größer und größer, bis du sicher bist, daß es sich dabei um das wertvollste Juwel der Welt handeln muß. So verwandelt sich Anziehung in tiefe Liebe. Du mußt nur eine kleine Veränderung bewirken.«

Baba klopfte mir auf die Brust. »Der Diamant ist da drinnen. Du wirst ihn nie sehen, und sie wird nie davon sprechen, aber wenn du dich zu einem Mädchen hingezogen fühlst – oder wenn ein Mädchen sich zu einem Jungen hingezogen fühlt –, zeigt dir die Liebe etwas Wertvolles, worüber du gar nicht genug staunen kannst.«

Was ich gelernt habe: Es ist leicht, sich zu jemandem hingezogen zu fühlen, und es ist auch gar nicht so schwer, sich zu verlieben. Aber Baba wollte, daß ich tiefer ging. Wenn du einen Menschen wegen des Geistes in ihm liebst, ist es, als würdest du ein wertvolles Juwel finden, das mit der Zeit immer faszinierender wird. Die Schritte auf diesem Weg sind dieselben, die Baba beschrieben hat:

Du bemerkst etwas Besonderes, das deine Aufmerksamkeit fesselt.
Dieses Etwas fasziniert dich.
Es wächst gleichsam in deinen Augen.
Während es wächst, wird es immer spezieller – du beginnst, es für wertvoll zu halten.

Was könnte dieses geheimnisvolle Etwas sein, das eine derartige Anziehung auf dich ausübt, daß es sich irgendwann in einen Diamanten verwandelt? Jeder wird eine andere Antwort auf diese Frage finden, aber die folgenden drei Dinge führen meine ›Hitliste‹ an.

Güte

Es ist unendlich berührend, wenn du eine gütige Person findest. Güte ist für solche Menschen etwas so Natürliches, daß sie sie gar nicht wahrnehmen, weil sie nicht erst versuchen, gütig zu sein.

Du weißt, wie es sich anfühlt, wenn du dich zwingst, etwas richtig zu machen, wenn du es eigentlich gar nicht tun willst. Ich bin sicher, du hast das Richtige getan, als du einen Patienten im Krankenhaus besucht, deine Zeit mit einem alten Verwandten verbracht oder dich freiwillig in den Dienst einer guten Sache gestellt hast. Güte stellt sich nicht immer von selbst ein, aber wenn es der Fall ist, dann kann der Mensch, dessen Herz auf ganz natürliche Weise gütig ist, mich auch noch nach Jahren faszinieren. Meine Liebe nützt sich nicht ab. Güte könnte man auch die ›Großzügigkeit des Herzens‹ nennen.

Mitgefühl

Mitgefühl ist Güte, die noch einen Schritt weiter geht. Deswegen ist es auch noch seltener. Die meisten Menschen können stehenbleiben und einem Obdachlosen ihr übriges Kleingeld geben, aber nur wenige würden fragen, ob der Betreffende medizinische Hilfe oder eine warme Mahlzeit braucht, und dann dafür sorgen, daß er sie auch bekommt. Wenn ich Mitgefühl in jemandes Augen sehe, erinnere ich mich immer an das Gleichnis von den Reitern, die einen Fluß durchqueren.

Sie rufen den Fährmann, der ihnen über den Fluß antwortet: »Wie viele seid ihr?«

Einer der Reiter sagt: »Laß mich zählen.« Er zählt und ruft zurück: »Wir sind neun.«

»Wirklich?« ruft der Fährmann. »Ich habe zehn gezählt. Zähl noch einmal.«

Der Reiter zählt also noch einmal und ruft dem Fährmann wiederum zu, daß sie zu neunt sind. Der Fährmann setzt mit seinem Boot über. »Was ist los mit dir?« sagt er verzweifelt. »Jedes Mal, wenn du zählst, kommst du auf neun, weil du vergißt, dich selbst mitzuzählen.«

Der Reiter schaute verwirrt. »Wieso? Hätte ich mich mitzählen sollen?«

Mitfühlende Menschen sind wie dieser Reiter. Sie sind so selbstlos, daß sie vergessen, sich selbst mitzuzählen. In unserer Gesellschaft kann es sein, daß man dich für naiv oder töricht hält, wenn du vergißt, dich mitzuzählen, aber für mich ist das eine der liebenswertesten Eigenschaften, die ein Mensch besitzen kann.

Friede

Das ist eine weitere Eigenschaft, die nur selten anzutreffen ist, weil die meisten Menschen nur dann in Frieden mit sich sind, wenn auch ihre Umgebung friedlich ist. Es ist nicht schwer, mit sich selbst in Frieden zu leben, wenn man aus einer glücklichen, zufriedenen Familie kommt und zufriedene Freunde hat. Aber manchen Menschen gelingt es, in jeder Situation in Frieden zu sein, selbst auf dem Schlachtfeld. Der alte Philosoph Sokrates diente als junger Mann in der Armee, und jeder in seiner Umgebung war verblüfft, weil er auch in Gefahrensituationen vollkommene Ruhe wahren konnte. Das gleiche gilt für die Heiligen und Weisen dieser Welt. Weisheit und Friede treten deshalb gemeinsam auf, weil du dein Inneres erforschen mußt, um all die guten Gründe, warum du *nicht* in Frieden leben kannst, beiseite lassen zu können. Solche Gründe gibt es aber überall: Menschen sind wütend oder haben Angst, sie fürchten, Dinge könnten schiefgehen, oder sie machen sich Sorgen, weil Dinge bereits schiefgegangen sind – die Liste ist endlos. Aber es gibt nur einen Grund, in Frieden zu leben: Deine Seele will in Frieden leben. Friedvolle Menschen scheinen dir ihre Seele zu offenbaren, und das verleiht ihnen diese unendliche Faszination.

Ich könnte dieser Liste noch weitere Eigenschaften hinzufügen. Ich habe mich zu Menschen hingezogen gefühlt, weil sie mutig oder vollkommen ehrlich waren oder über tiefe Einsicht in die menschliche Natur verfügten oder weil sie ein freudiges Etwas in ihren Augen hatten. Finde das verborgene Juwel in jedem Menschen, und schenke ihm jeden Tag aufs neue deine Aufmerksamkeit. Ich verspreche dir, daß es der kostbarste Diamant auf Erden wird.

Menschen einkaufen

Sobald wir das Dorf erreicht hatten, rannte ich zu dem Händler, der Zuckerrohrsaft verkaufte. Damals konnte man in Indien keine Limonaden kaufen, zumindest nicht auf dem Land. Statt dessen stellte der Händler eine spezielle Maschine in seinem Stand auf, mit der man Stücke frischen Zuckerrohrs auspreßte. Diesen süßen Saft goß man über Eisbrocken, was einen kühlen Drink ergab.

»Willst du einen?« fragte ich Baba, während meiner ausgepreßt wurde.

Aber Baba war zu sehr damit beschäftigt, am Marktplatz mit all seinen Geschäften und Ständen herumzuschauen. Er ließ die Szene wie beiläufig auf sich wirken, aber dahinter versteckte sich sein scharfer Röntgenblick.

»Eine Menge Leute sind heute einkaufen«, bemerkte er. Das war nichts Ungewöhnliches: Hausfrauen kamen jeden Tag auf den Markt, um frische Zutaten für die Mahlzeiten zu kaufen, und jeder mußte hierherkommen, wenn er kleine alltägliche Notwendigkeiten besorgen wollte.

»Aber manche von ihnen gehen Menschen einkaufen«, sagte Baba. »Schau einmal.« Er zeigte auf eine kleine Menschenmenge direkt vor uns. Es waren vier oder fünf Mädchen im Teenageralter, die in der Nähe des überdachten Basars beisammensaßen. Ein paar Meter weiter drängten sich eine paar Jungen zusammen, die ihre Distanz zu den Mädchen wahrten, aber alles registrierten, was die Mädchen taten. Ich erkannte niemanden aus meiner Schule.

»Hier«, sagte Baba. Er öffnete seine Hand, in der er einen Hundertrupienschein hielt. »Laß uns das Geld auf den Markt werfen.« Ich kann dir nicht sagen, wie viele Dollars hundert Rupien damals waren, aber ich hatte nie vorher einen so großen Geldschein gesehen. Baba faltete ihn und steckte ihn in meine Hemdtasche.

»Wofür soll ich ihn ausgeben?« fragte ich.

»Gib ihn nicht aus. Geh einfach so umher, daß man auf dich aufmerksam wird.« Baba hatte die Banknote so drapiert, daß ein Ende gut sichtbar aus meiner Hemdtasche herauslugte.

»Ich kann doch nicht so herumgehen, wenn das Geld so herausschaut«, sagte ich.

»Aber genau das ist ja das Experiment. Ich möchte, daß du dich auf dieses Spiel des Menschen-Einkaufs einläßt. Es ist ja nur für eine Stunde«, beharrte Baba. Ich fühlte mich sehr unwohl, aber letzten Endes stimmte ich zu, eine halbe Stunde lang Menschen shoppen zu gehen.

Es war die längste halbe Stunde meines Lebens. Jeder starrte mich neugierig an, um herauszufinden, welcher Geldschein da aus meiner Hemdtasche lugte. Am ärgsten war die Gruppe der Mädchen. Sie brachen in Gekicher aus, als sie mich kommen sahen, und nachdem ich vorbeigegangen war, hörte ich sie tuscheln. Die Jungen starrten mich an, als wäre ich in ihr Revier eingedrungen, und ich starrte zurück. Jedenfalls war das Ganze eine nervenaufreibende Angelegenheit, und ich war froh, als ich wieder bei Baba war.

Ich riß das Geld aus meiner Hemdtasche und schmiß es ihm fast zurück. »Das war furchtbar!«

»Warum? Eine halbe Stunde lang warst du der Renner am Markt«, sagte er mit gespielter Ernsthaftigkeit. »Du könntest dich glücklich schätzen.«

»Das hatte doch nichts mit mir zu tun, es war nur das Geld, das die anderen sahen.« Langsam beruhigte ich mich wieder.

»Nun verstehst du, in welche Schwierigkeiten die Liebe gerät«, sagte Baba, »wenn Menschen sie mit etwas Käuflichem verwechseln. Diese Jungen und Mädchen sind wählerische Käufer. Sie wollen nur jemanden, der hübsch aussieht und sich angenehm anfühlt und vielleicht auch gut riecht, wie ein neues Auto.«

»Bist du da nicht ein bißchen zynisch?« sagte ich.

Baba schüttelte den Kopf. »Frag die, die nicht zu den Auserwählten zählen.«

Dem konnte ich nichts entgegenhalten. Ob man ausgewählt wird oder nicht, hängt, wie jedes Kind weiß, sehr von Dingen ab, die auch beim Autokauf entscheiden – weil es cool ist oder dem Käufer ein Gefühl der Wichtigkeit oder des Erfolgs vermittelt –, während Autos, die nicht gekauft werden, sich wie altes Eisen fühlen, bevor sie überhaupt jemand zum alten Eisen geworfen hat.

Ich sagte: »Wie kannst du aber Jungen davon abhalten, Mädchen zu begutachten, und umgekehrt?«

»Das will ich ja gar nicht. Aber was sehen sie?« sagte Baba. »Vorhin nahm dich niemand als Person wahr; die Leute sahen nur, was du zur Schau stelltest. Wenn du etwas zur Schau stellst, dann ist das Schlimmste dabei, daß du nicht du selbst sein kannst.«

»Niemand geht herum und zeigt sein Geld so her«, warf ich ein.

»Vielleicht nicht die Scheine«, sagte Baba, »aber die Leute zeigen, was Geld kaufen kann oder wie selbstsicher und cool es sie macht. Liebe ist das Gegenteil von Zurschaustellen. Du zeigst, wer du bist. Wenn du es nicht tust, wirst du nie darauf vertrauen können, daß andere sich in Beziehung zu dir setzen. Sie können eifersüchtig oder wohlwollend oder heimlich feindselig handeln, aber keine dieser Reaktionen hätte etwas mit dir zu tun – sie haben mit dem zu tun, was ihr Auge wahrnimmt. Menschen wie käufliche Ware zu sehen ist die schlechteste Methode, wahre Liebe zu finden.« Baba begann, vor sich hin zu lachen.

»Was ist los?« fragte ich.

»Ich dachte grade daran, daß alles in der Welt der Seele sich letztlich darauf reduzieren läßt, daß man nicht seinen Augen glauben darf, sondern nur dem, was man nicht sieht.«

Was ich gelernt habe: Ich denke, diese Lektion spricht für sich. Warum ist es aber dann so schwer, sich daran zu erinnern? Jeder weiß, daß man nicht nach Äußerlichkeiten urteilen sollte. Niemand hatte einen Vater oder eine Mutter, die sagten: »Ich möchte dir einen Rat geben, was das Sichverlieben betrifft: Nimm nur die coolste Person, und wenn sie nicht mehr cool ist, dann tausch sie gegen ein besseres Modell ein.« Aber das gesellschaftliche Leben dreht sich oft darum, daß wir Menschen wie Waren betrachten, wie Baba gesagt hatte. Der Herzenswert wird zugunsten von Äußerlichkeiten beiseite gedrängt.

Wenn du einkaufen gehst, worauf achtest du als

erstes? Auf das Etikett, die Marke. Ein hübsches Hemd ist doppelt so hübsch, wenn es die richtige Marke ist. Ein Basketball, auf dem NBA steht, fühlt sich besonders an. Schon früh im Leben wird uns also bewußt, daß wir Etiketten tragen, und unglücklicherweise sehen die anderen oft als erstes nur das Etikett, die Marke. Wer bin ich? Du könntest alle meine Kennzeichen aufzählen: meinen Namen, meine Adresse, Rasse, Hautfarbe, mein Einkommen, meine Universitätsabschlüsse. Ich brauchte ein Leben, um alle diese Eigenschaften zu erwerben, aber nur wenige davon sind wirklich attraktiv. Andere sind mittelmäßig, und bei ein oder zwei könnten Leute sagen: »Oh, du kennst ihn, ein Inder«, oder: »Du kennst ihn, den Kerl, der zu allem seine Meinung sagen muß.« In meinem Inneren fühle ich mich nicht wie diese Etiketten, deswegen strenge ich mich auch nicht besonders an, die Leute dazu zu bringen, nur die attraktiveren wahrzunehmen. Ich möchte, daß sie mich ohne jedes Etikett sehen.

Wie Baba damals gesagt hatte, ist diese ›Einkaufshaltung‹ ein furchtbarer Weg, Liebe zu finden. Wenn ich versucht bin, andere nach ihrem Aussehen, ihrem Einkommen oder ihrer Stellung zu beurteilen, kann ich mich mit einem Gedanken stoppen: *Diese Person wird sich in das verwandeln, was ich in ihr sehe.*

Ich bin sicher, daß du das selbst schon einmal bemerkt hast. Wenn jemand, dem tausend Dollar aus seinen Jackentaschen schauen, auf dich zukommt, dann wird er automatisch zu einer reichen, schillernden Figur. Jemand, der dich vor zwei Monaten schlecht behandelt hat, kann heute einen Raum betreten, und alles, was du siehst, ist die Wut, die du auf ihn hast. Die äußerliche Erscheinung wird als etwas Oberflächliches betrachtet, aber in Wirklichkeit erweist sie sich als etwas äußerst Mächtiges, denn wir vertrauen den Urteilen, die wir unmittelbar fällen.

Denke nur daran, daß dieses Eindruckmachen in beide Richtungen funktioniert: Die Hälfte der Zeit schaust du die anderen an, und die andere Hälfte schauen die anderen dich an. Du kannst in der Schule durch die Halle gehen, und egal, was du tust: Jeder einzelne, der dich anschaut, macht sich sein eigenes Bild von dem, was du bist. Im Klartext heißt das, daß du dir nur selbst schadest, wenn du versuchst, einen guten Eindruck zu machen. Du kannst die anderen nicht dazu bringen, dich so zu sehen, wie du gern hättest, daß sie dich sehen.

Du hast aber die Macht, einen Menschen so zu sehen, wie du ihn sehen willst – auch jetzt, in diesem Moment. Setze diese Macht gut ein. Stell nicht dieselben Vermutungen an, die alle rund um dich anstellen. Sei ehrlich und offen, sobald du jemanden anschaust. Freunde und Feinde erschaffen wir uns selbst, sie werden nicht geboren, und der Ort, an dem sie geschaffen werden, ist dein Herz. Das Mädchen, das du nicht leiden kannst, wird von jemand anderem geliebt. Wenn du ihr also mit offenem Herzen gegenübertrittst, wirst du dieselben positiven Eigenschaften finden. Das ist gemeint, wenn es heißt, jemanden in seinem Herzen zu tragen. Laß diesen Prozeß des Beziehungsaufbaus auf natürliche Weise beginnen, und bald fühlt sich ein Fremder wie ein Teil von dir selbst an.

In den Spiegel schauen

»Glaubst du, daß Mädchen geheimnisvoll sind?« fragte Baba.

»Sehr geheimnisvoll«, sagte ich, ohne eine Sekunde zu zögern. Wir gingen noch immer durch das betriebsame Dorf, in dem es von Tieren und Menschen nur so wimmelte.

»Weißt du, warum?« fragte er.

Ich grinste. »Ich denke, daß ich noch mein ganzes Leben Zeit habe, das herauszufinden.«

Aber Baba fummelte bereits in seinen Taschen herum und suchte etwas. »Da ist es.« Er zog einen kleinen Spiegel heraus und hielt ihn neben sein Gesicht. »Was siehst du?«

»Ist das eine Fangfrage? Ich sehe mein Gesicht«, antwortete ich.

»Richtig. Verstehst du, was ich meine?«

Ich schüttelte den Kopf. »Mädchen sind geheimnisvoll, weil Jungen sich selbst suchen und statt dessen jemand anders finden.«

»Ich kenne mich da nicht aus. Ich suche nicht mich selbst«, protestierte ich. »Ich suche ein Mädchen, das ich mag.«

»Denk einmal drüber nach. Was siehst du, wenn du in einen Spiegel schaust? Du siehst, was du magst, und du siehst, was du nicht magst. Meistens aber letzteres, oder? Spiegel machen alles flach. Ich bin sicher, du verbringst die nötigen Stunden vor dem Spiegel, wenn dich niemand beobachtet.«

»Der Zeuge verweigert die Aussage«, sagte ich. Natürlich hatte Baba hundertprozentig recht.

»Niemand schaut in den Spiegel, um sich selbst so zu sehen, wie er wirklich ist«, sagte Baba. »Jeder sucht ein Bild. Und das gilt auch für Jungen, die Mädchen anschauen, und umgekehrt.

Das Bild, das du von dir selbst hast, hat Macht über dich. Es vergrößert das, was du für gut oder schlecht hältst; es ist erfüllt von Phantasien über die Zukunft und Erinnerungen an die Vergangenheit. Deshalb scheinen Mädchen so geheimnisvoll zu sein. Jungen realisieren nicht, daß sie ihre eigenen Träume und Ängste betrachten.«

Ich fand das ziemlich interessant, aber gleichzeitig auch ziemlich verwirrend. »Angenommen, ich sehe ein wirklich hübsches Mädchen. Ich mag ihre Figur, die Art und Weise, wie sie geht, ihr Lächeln. Wie sehe ich da mich selbst?«

Baba schüttelte den Kopf. »Du siehst, was du dir wünschst. Bist du zufällig schlechter Laune und streitlustig, dann würdest du in demselben Mädchen genau das sehen, was du brauchst, damit ein Streit ausbricht. Der Spiegel ist etwas Magisches. Er zeigt uns immer, was wir sehen wollen.«

Baba wurde still und, glaube ich, ein bißchen

traurig. »Wenn sich Menschen ineinander verlieben, sollten sie jenseits des Bildes im Spiegel schauen«, sagte er. »Aber das ist nicht leicht. Wenn du ein Bild liebst, dann liebst du etwas, was in deinem Geist festsitzt. Deine Seele hat aber eine andere Vorstellung von Liebe.« Baba nahm den Handspiegel und neigte ihn zur Sonne.

»Siehst du?« sagte er. »Ich kann dir das Bild der Sonne zeigen, aber würde sich die Sonne nur in einem Spiegel zeigen, hätte sie nicht die Kraft, den Planeten zu nähren. Die Liebe nährt dich, wenn du ihr direkt ins Gesicht schaust, aber sie ist nichts weiter als ein nettes Ding, wenn du bloß ihr Spiegelbild betrachtest. Denk darüber nach.«

Was ich gelernt habe: Je länger ich über Babas Worte nachdachte, desto besser erkannte ich, daß sich jeder ein Bild zurechtlegt. Die Jungen schauen nicht wirklich die Mädchen an, und die Mädchen schauen nicht wirklich die Jungen an. Es sind ihre Bilder, die einander betrachten. Was passiert, wenn ein Junge sich unsicher fühlt? Er findet vielleicht ein Mädchen, das ihm vollkommen ergeben ist, aber in seiner Vorstellung redet sie zuviel mit anderen Jungen, sie flirtet, wenn er ihr den Rücken zuwendet, und gibt ihm tausenderlei Anlaß zur Eifersucht. So machtvoll kann die Vorstellung sein. (Denk nur an die Millionen von Menschen, die Filmstars verehren und so tun, als ob die wahre Person jenseits des Bildschirms unendlich bezaubernd und unglaublich tapfer und romantisch wäre. In Wirklichkeit sind Schauspieler auch nicht anders als Durchschnittsmenschen, aber ihr Image sagt, daß sie anders sein müssen.)

Nur auf der Ebene der Seele sucht eine echte Person nach einer anderen echten Person. Tief drinnen läßt sich das Herz nicht von Bildern täuschen – zumindest nicht lange. Ihm ist klar, daß Liebe ehrlich sein muß. Wenn du jemanden liebst, findest du auch den Mut, zu sagen: »Du bist mein Spiegel.« Du schaust in die Augen des geliebten Menschen und akzeptierst, was du siehst – auch deine Unzulänglichkeiten. Wenn du das tust, dann sind diese Unzulänglichkeiten mit einem Schlag gar nicht mehr so schrecklich. Das Geheimnis liegt darin, daß du dich geliebt fühlst, und dieses Gefühl läßt das Bild in deinem Geist sich auflösen.

Es ist fürchterlich stressig, einem Bild gerecht zu werden. Bilder wollen immer vollkommen sein. Bilder haben Angst davor, entlarvt zu werden; sie müssen etwas Besonderes sein und dürfen nie Schwäche zeigen. Wenn du beginnst, dich selbst ehrlich im Spiegel eines anderen Menschen zu sehen, dann beginnt eine Menge Streß von dir abzufallen. Es ist eine wirkliche Erleichterung. Und wenn das Bild dann schließlich verblichen ist, dann kann die Liebe sich entspannen und in der Freude des Herzens eines anderen Menschen aufgehen.

Gut gegen Böse

Wenn ich zurückblicke, wundere ich mich, daß ich Baba nicht viel mehr Fragen gestellt habe, wie zum Beispiel: »Woher kommst du? Wie hast du so viel gelernt, in welcher Schule?« Mir gelang es nicht, Fakten über Baba herauszufinden. Vielleicht wollte ich auch gar nicht, daß er allzu wirklich wird, mit einem echten Leben wie alle anderen Menschen. Ich genoß es, in eine Welt einzutauchen, in der es nur Baba und mich gab, zumindest drei Tage lang.

Aber es gab eine Frage, die jeder stellen würde: »Baba, was hat es mit dem Bösen auf sich?« sagte ich, als wir einmal unter unserem Lieblingsbaum saßen, dem alten, knorrigen Baum neben der Straße.

Das Dorf lag hinter uns, und es wurde langsam Nachmittag. »Eine Menge Leute würde behaupten, daß das Böse genauso machtvoll ist wie die Liebe.«

»Ja, freilich, das würden sie sagen«, sagte Baba. Er saß mit geschlossenen Augen im Schneidersitz. »Das Böse ist sichtbarer als die Liebe. Auf seinem Weg hinterläßt es Zerstörung. Manchmal ist Zerstörung notwendig. Pflanzen produzieren Tausende von Samen, aber es geht nur einer davon auf; würden alle überleben, würde die Erde wohl bald daran ersticken.

Zu leben bedeutet, daß du Teil dieses Zyklus bist, der Dinge zerstört. Kratze mit deinem Fingernagel über die Innenseite deiner Wange.« Baba öffnete die Augen und schaute mir zu, wie ich mich kratzte. »Du hast jetzt Hunderte von Zellen zerstört, die noch vor ein paar Sekunden gelebt haben«, sagte er. »Zerstörung ist also nicht immer schlecht. Tausende von Hautzellen werden sich diese Woche von deinem Körper ablösen und sterben und damit Platz machen für eine neue Schicht Haut.«

»Aber das Leben anderer zu zerstören, das muß doch böse sein«, sagte ich.

»Wirklich? Du hast vielleicht Dutzende von Insekten mit deinen Füßen zertreten, während du da entlanggegangen bist, ohne daß du einen Gedanken an sie verschwendet hättest, und Milliarden von Keimen werden jedes Jahr von deinen weißen Blutkörperchen zerstört. Ist das böse?«

»Es könnte böse sein«, sagte ich zweifelnd.

»Ja, je nachdem, von welchem Gesichtspunkt man es anschaut«, sagte er. »Ich bin sicher, die Ameisen würden lieber leben, und vielleicht sogar die Keime – wer weiß, was sie denken?«

»Dann ist aber potentiell überall Böses«, sagte ich.

»Das mußt du für dich entscheiden«, sagte Baba. »Das Böse ist nicht absolut. Es existiert in den Augen der Menschen, und wir sind sehr wankelmütig, wie du weißt. Was gestern böse war, könnte morgen gut sein.«

Baba gab mir ein Beispiel: »Was wäre gewesen, wenn wir uns vor zweihundert Jahren getroffen hätten? Ich hätte dich die Straße entlanggehen sehen und gesagt: ›Wie war dein Tag?‹ Du hättest vielleicht gesagt: ›Oh, wie immer. Ich stand morgens um vier Uhr auf und webte vor Sonnenaufgang einen Teppich. Ich habe elf Stunden gearbeitet, aber mein Meister hat mich nur drei- oder viermal mit seinem Stock geschlagen.‹

Die Menschen lebten ein solches Leben, ohne Fragen zu stellen, und manche tun das ja heute noch«, sagte Baba. »Ist es nicht schlecht, Kinder zu schlagen und sie Knochenarbeit verrichten zu lassen? Für uns ist es schlecht, aber vor zweihundert Jahren war ein solches Leben ein Beweis dafür, daß das Kind Gottes Arbeit verrichtete.«

»Menschen tun aber böse Dinge«, bohrte ich weiter, »es findet ein ständiger Kampf zwischen Gut und Böse statt.«

»Ja, aber deine Seele läßt sich auf diesen Kampf nicht ein«, sagte Baba. »Ihre Aufgabe ist es, das Böse ohne Kampf zum Verschwinden zu bringen.«

»Das kann ich mir schwer vorstellen«, meinte ich. »Das Böse verschwindet doch nicht einfach so.«

»Doch. Die ganze Zeit«, sagte Baba. »Stell dir vor, du bist drei Jahre alt und hast deine Mutter auf dem Markt verloren. Du bist allein und hast Angst; du glaubst, sie würde nie mehr zurückkehren. Vielleicht wirst du nicht überleben. So fühlt sich doch das Böse an, oder? Dann findet dich deine Mutter wieder. Und schwupps – das Böse ist verschwunden.«

»Weil sich das Kind nur alles mögliche zusammengereimt hat«, sagte ich.

»Und genau so sieht auch deine Seele das Böse«, sagte Baba. »Du glaubst zu wissen, was das echte, das wirkliche Böse ist? Du glaubst, gute von bösen Menschen unterscheiden zu können? Ich beneide dich, denn ich kann das nicht. Ich bin wie die Mutter, die losrennt, um ihr verlorenes Kind wiederzufinden. Ich weiß, daß du Angst hast und allein bist, und ich kann es kaum erwarten, dir zu zeigen, daß das, wovor du dich so fürchtest, nur Einbildung ist.«

Was ich gelernt habe: Das war eine radikale Lektion, die Baba mir da erteilt hat. Er wußte – und ich wußte es auch –, daß Millionen von Menschen denken, das Böse sei etwas Kosmisches. Sie glauben an den Teufel und beten darum, ihm nicht in die Finger zu geraten. Die Geschichte des Gartens Eden scheint uns zu sagen, daß menschliche Wesen bereits sündig geworden sind, also ist auch ein unschuldiges Baby in einem Netz des Bösen gefangen, für das es nichts kann.

Wie kann Baba behaupten, das Böse existiere in der Vorstellung? Selbst wenn du eine Seele hast;

selbst wenn du nach deinem Tod in den Himmel kommst; selbst wenn Gott uns alle gleich liebt, passieren nicht trotzdem unzählige böse Dinge auf der Welt? Ich habe gehört, wie Leute die Begriffe *böse, schlecht, verwerflich* oder *falsch* für folgende Dinge verwendet haben:

Ladendiebstahl; Bankraub; Kindesmißhandlung; Kinder das tun lassen, was sie wollen; Schuleschwänzen; jemanden töten; einen Lotterieschein kaufen; sein ganzes Vermögen an der Börse einsetzen; in den Krieg ziehen; sich weigern, in den Krieg zu ziehen, und gegen den Krieg sein.

Wie du siehst, ist das eine kniffelige Liste: Manche Punkte dieser Liste scheinen überhaupt nicht böse zu sein; andere Dinge sind so böse, daß wir sie als Verbrechen oder Sünden betrachten; andere Dinge werden als schlecht betrachtet, aber das gilt auch für ihr Gegenteil. In viktorianischen Zeiten wurden Kinder geschlagen und aufs härteste diszipliniert, damit sie ›Charakter‹ entwickeln, während man manche dieser Praktiken heute als Kindesmißhandlung einstufen würde. Im Laufe der Geschichte wurde Krieg als böse eingestuft, aber Kriegsdienstverweigerer wurden als Kriminelle und Vaterlandsverräter bestraft.

Das war der erste Punkt, den Baba mir klarmachen wollte. Das Böse ist nicht so einfach festzumachen, und viel hängt davon ab, wer es beurteilt. Und was hat es mit Schmerzen auf sich? Ist es falsch, jemandem Schmerzen zuzufügen? Ja, aber wenn man einen Marathon läuft, so bedeutet das extreme Schmerzen; das gilt auch für Operationen, die Leben retten können. Es gibt keine kosmische Kraft, die ›das Böse‹ heißt; es gibt nur Situationen, in denen Schmerz und Leiden herrschen. Können die je verschwinden?

Ich glaube sehr wohl, daß sie verschwinden können. Die menschliche Natur kann sich durch Liebe wandeln. Das mag vielleicht langsam passieren, aber Schmerzen lassen uns alle nach einer besseren Lebensweise suchen. Das ist der zweite Punkt, auf den Baba hingewiesen hat: Wenn du siehst, wie jemand Schmerzen leidet, dann hilf ihm, die Schmerzen verschwinden zu lassen. Die Antwort auf die Frage ›Kann ich dir helfen?‹ kann verschiedene Formen annehmen:

Wenn jemand Angst hat und sich unsicher fühlt, dann hilf ihm, daß er sich wieder sicherer fühlen kann.

Wenn jemand versagt hat, dann erinnere ihn an

alles, wobei er schon Erfolg hatte und wobei er wieder Erfolg haben wird.

Wenn jemand einen geliebten Menschen verloren hat, dann teile die Schmerzen und den Kummer, aber mach dir bewußt, daß das Leben weitergeht und niemand auf der Ebene der Seele verlorengeht.

Wenn jemand von Ereignissen überwältigt wird, dann hilf ihm, den Blick nach innen zu wenden und einen Ort des Friedens zu finden.

Wenn jemand krank ist und körperlichen Schmerz empfindet, dann biete ihm Trost und Liebe. Überzeuge ihn, die bestmögliche ärztliche Hilfe zu suchen, und sei dir auch im klaren darüber, daß eine körperliche Krankheit manchmal schwerwiegende psychische Auswirkungen hat, so daß es schwierig ist, um Hilfe zu bitten.

Das Leben wird immer Freuden und Leiden bereithalten. Nimm dir nicht vor, ein Leben nur mit Spaß zu erfüllen, denn das ist nicht realistisch; setze aber Schmerz auch nicht mit dem Bösen gleich, denn das ist ebenso unrealistisch.

Der dritte Punkt, den mir Baba in der Frage Gut gegen Böse klarmachen wollte, ist, daß das Leben im Gleichgewicht ist und das Gleichgewicht immer und überall auf der Seite des Guten im Leben steht. Stell dir vor, du bist Mutter Erde. Sie hat Milliarden um Milliarden von Wesen entstehen und sterben sehen. Sie ist Zeuge von Zerstörungen geworden, die ganze Kontinente und alle Tiere, die dort lebten, vernichtet haben.

Ist dieser Zyklus von Geburt und Tod etwas Böses? Du könntest jede beliebige Minute hernehmen und darin Zerstörung erkennen. Du könntest aber auch einen Schritt zurück tun und eine wunderbare Vision vom Leben wahrnehmen, das über alle Hindernisse triumphiert. In diesem Zusammenhang kann ich eine sehr persönliche Geschichte erzählen. Mein Vater starb vor einigen Jahren ganz plötzlich; er war über achtzig und hatte ein erfülltes, glückliches Leben gehabt. Aber es war ein Schock für mich, daß ich mich nicht von ihm verabschieden konnte, und als ich nach Indien zum Begräbnis flog, fühlte ich nichts als Trauer.

Der Tag des Begräbnisses war gekommen; es war ein sonniger, heißer Tag. Ich war Teil der Prozession, die meinen Vater von seinem Haus zu den letzten Ritualen begleitete, wozu in Indien die Verbrennung des Leichnams zählt. Ich schaute mich um und sah folgendes: Einige Menschen weinten, andere waren ruhig und friedvoll. Kleine Kinder liefen umher, um die Blumen einzusammeln, die wir beim Vorbeigehen fallen ließen. Sie lachten und betrachteten die Prozession als ein großes, spannendes Ereignis. Fremde schauten kurz in unsere Richtung, ohne uns weiter zu beachten. Eine Mutter mit ihrem Baby kreuzte unseren Weg; ein alter Mann schlief in einer Einfahrt in der Sonne.

Plötzlich wurde mir etwas bewußt: *Ich bin nicht in einer Begräbnisprozession. Ich bin in einer Lebensprozession.* Um mich herum sah ich den gesamten Lebenszyklus, und statt Trauer und Kummer zu erleben, fühlte ich mich plötzlich sehr offen und frei. Es ist genau dieses Gefühl, das dich überraschen kann, wenn du es am wenigsten erwartest, das das Böse verschwinden läßt. Du erkennst, daß trotz allem das Leben siegen wird, und nahe deiner Seele sagt eine Stimme: ›Ich bin das Leben.‹ Diese Stimme sagt die Wahrheit. Das Gute ist ewig, das Böse ist zeitlich.

Was ist die beste Antwort auf das Problem des Bösen? Verfluche nicht die Dunkelheit, kämpfe nicht dagegen an. Zünde eine Kerze an, denn das Licht vertreibt automatisch die Dunkelheit. Es sind nicht deine gute Taten, die dich gut sein lassen; es ist das, was du bist. Und du bist eine Seele in einem Körper, die umhergeht, und nicht ein Körper, der hofft, eine Seele zu haben. Sobald du mit diesem ewigen Teil deiner selbst in Kontakt gekommen bist, kann dir das Böse keine Angst mehr machen.

Liebe dich selbst

Es wurde schon dunkel. Es war jener Augenblick, in dem die ganze Welt sich mit goldenem Licht füllte, wenn man vom Hügel hinabschaute. »Schau«, hörte ich einmal einen Reisenden sagen, »die Götter sind herausgekommen, um zu spielen.« Genauso war es: Jedes Haus, jeder Baum, jede Wolke schimmerte im Licht, während die letzten Hitzewellen vom Tal aufstiegen.

»Unser dritter Tag geht zu Ende«, sagte Baba, als wir diesen Anblick genossen. »Nun werde ich dir das Schwierigste über die Liebe sagen. Aber lach mich nicht aus.«

»Warum sollte ich dich auslachen?« fragte ich.

»Weil ich einen Kinderreim für dich habe, und du könntest meinen, ich sei kindisch«, sagte er.

»Oder mystisch. Ich kenne dich doch, erinnerst du dich?«

»Glaubst du?« Baba lachte. »Aber du hast recht: Die Dinge sind bei mir immer viel mystischer als bei anderen. Manchmal verbirgt sogar ein Kinderreim große Weisheit. Heute ist es Humpty Dumpty.«

»Der Humpty Dumpty, der auf der Mauer saß und runterfiel?«

»Ja, genau der«, sagte Baba.

Humpty Dumpty saß auf der Mauer,
Humpty Dumpty fiel von der Mauer,
Alle Begleiter und Pferde des Königs
Machten Humpty Dumpty nimmer wieder ganz.

»Aber weißt du, warum all die Pferde und Begleiter des Königs ihn nicht wieder zusammensetzen konnten? Es ist eine Rätselaufgabe. Wenn du in der Zeit zurückgehst, dann hat es immer Mythen gegeben, in denen von einem Goldenen Zeitalter die Rede war, in dem Frieden herrschte, die Menschen einander liebten und das Leben vollkommen war. Aber dann zerbrach dieses Goldene Zeitalter, und jeder versuchte sich auszumalen, wie es wieder in den ursprünglichen Zustand zurückversetzt werden könnte.«

»Ist das deine Theorie von Humpty Dumpty?« fragte ich.

Baba lächelte: »Man sollte das etwas weiter sehen.« Er klang sehr entschlossen. »Was in Wirklichkeit zerfiel, war die Liebe. Es gab nie ein Goldenes Zeitalter, zumindest nicht, soweit die Historiker wissen. Aber tief im Herzen der Menschen ruht eine Erinnerung daran, wie Liebe sein sollte. Sie sollte sich auf alle Menschen erstrecken; sie sollte keinen Platz für Leiden lassen. Sie sollte unschuldig sein und jeden Tag aufs neue Freude bescheren.

Kann diese Art von Liebe wieder ganz werden? Deine Seele geht davon aus. Nun kommen wir zum wichtigsten Schritt, und der lautet: Du mußt dich selbst lieben.«

Ich sagte: »Warum ist das schwierig? Ich liebe mich selbst, zumindest glaube ich das.«

»Wirklich?« fragte Baba. »Welches Ich hast du dir denn da ausgesucht? Es gibt dich als Baby, dich, wie du mit Puppen spieltest, als du drei warst, dich, als du traurig oder zornig warst, dich, als du Vertrauen in dich selbst hattest und als du keines hattest. Welches Ich liebst du denn nun?«

Er versuchte mich zu überrumpeln, aber ich fühlte mich ziemlich sicher. »Diese Ichs sind nicht mehr ich. Ich liebe mein Ich, wie es im Moment ist, hier und jetzt.«

»Aber dieses Ich wird morgen verschwunden sein, so wie alle die anderen Ichs auch verschwunden sind. Was ist dann?« fragte Baba. »Siehst du, der Kinderreim hat also doch recht. Wir versuchen alle, unser Selbst aus früheren Stückchen neu zusammenzusetzen. Aber nicht einmal die Pferde und Gefolgsleute des Königs werden das schaffen.«

Baba muß den niedergeschlagenen Ausdruck in meinem Gesicht bemerkt haben, denn seine Stimme wurde weicher. »Laß den Kopf nicht hängen. Als ich dich heute in der Hütte traf, hab ich dir da nicht gesagt, daß ich über einen kosmischen Witz lachte?«

»Doch.« Ich erinnerte mich. »Und du hast versprochen, ihn mir zu erzählen.«

»Nun, jetzt ist der richtige Zeitpunkt gekommen. Der kosmische Witz besteht darin, daß Humpty Dumpty nie runtergefallen und zerbrochen ist. Dein wahres Ich wird vollkommen geliebt und wird immer vollkommen geliebt werden. Nichts Böses kann diesem Ich je etwas anhaben, und wenn du es findest, wirst du vor Freude und Erleichterung lachen, genauso wie ich.«

Was ich gelernt habe: Dich selbst lieben kann ein gutes Gefühl sein, das dich überkommt, wenn du dich im siebten Himmel fühlst und alles perfekt läuft. Es kann aber auch darin bestehen, daß du dich als guten Menschen wahrnimmst, der das Beste im Leben verdient. Aber Baba hatte eine kosmischere Vorstellung davon, was es heißt, sich selbst zu lieben. Er zeigte mir den Ort, an dem Mythen geboren werden.

Jede Person hat eine mythische Ebene. Sie liegt tief in unserer Vorstellung verborgen; es ist der Ort, wo wir Helden sind und uns auf die Suche begeben, der sich alle Helden unterziehen. Ob du dich für einen Ritter der Tafelrunde, für die Superheldin Wonder Woman, für Jeanne d'Arc, Gandhi oder Abraham Lincoln entscheidest, ist nicht nur eine persönliche Entscheidung – du stellst damit eine Verbindung zu deiner mythischen Ebene her.

»Ich bitte Leute immer, mir zu sagen, wer ihre

Helden sind«, sagte Baba, »denn wenn ich weiß, wer sie insgeheim gerne wären, kann ich daraus viel über ihr Leben ableiten.«

Vielleicht magst du das auch für dich selbst tun. Schreibe die Namen von drei – echten oder erfundenen – Menschen auf, die deine Helden sind. Dann zähle je drei Eigenschaften auf, die du bei ihnen bewunderst, zum Beispiel Mut oder übernatürliche Kräfte, tiefe Weisheit oder große Opferbereitschaft. Schau dir deine Liste genau an. Weißt du, was diese neun Eigenschaften in Wirklichkeit sind? Sie sind ein Auftrag, der aus deiner mythischen Dimension stammt. Deine Seele will, daß du diese Mission in deinem Leben erfüllst, indem du die Eigenschaften entwickelst, die du aufgelistet hast. Da sie aus einer mythischen Ebene stammen, ist jede bereits *in dir* angelegt, wie ein Samen, der sich in der Zukunft entfalten wird.

Im Laufe der Jahre wirst du Gelegenheit bekommen, jede einzelne Eigenschaft zu entwikkeln. Menschen, die Mut bewundern, fühlen sich magisch angezogen von Situationen, die Tapferkeit erfordern. Menschen, die Weisheit bewundern, faszinieren ganz andere Situationen. Hab keine Angst, deine Seele vergißt deine Mission nicht.

Und was ist mit Superhelden und übernatürlichen Kräften? Jedes Kind bewundert sie, denn das, wofür sie wirklich stehen, ist nicht Fliegenkönnen oder Unsichtbarsein. Sie stehen für Freiheit. Eine übernatürliche Kraft ist wie ein Hinweis der Seele darauf, daß du mehr bist als ein Mensch – *du bist ein freier Geist.* Willst du dich selbst lieben, dann nutze jede Gelegenheit, zu deinem eigenen Helden zu werden. Wir wurden geboren, um die Helden unserer eigenen Geschichte zu sein.

Es gibt da eine Geschichte, die ich sehr mag. Sie erzählt von zwei Männern, die gemeinsam in einem Raum sitzen und auf ihr Essen warten. Einer galt als sehr weise und war in vielen Ländern sehr berühmt; der andere war ein Besucher, der herausfinden wollte, worin diese Weisheit eigentlich bestand. Aber der weise Mann sagte den ganzen Tag lang nichts Besonderes, und letzten Endes war der Besucher frustriert.

»Verzeihen Sie«, sagte er, »aber ich verstehe nicht, inwieweit Sie und ich verschieden sind. Sie haben mir Ihre Gastfreundschaft erwiesen, aber seien wir ehrlich: Sind wir nicht bloß zwei alte Männer, die an einem Tisch sitzen und auf ihr Abendessen warten?«

»Sie irren«, sagte der weise Mann. »Sie haben Ihr ganzes Leben damit verbracht, Ihre eigene private Welt zu schützen. Sie besteht aus Erinnerungen an Vergangenes und aus Ihren vielen Vorlieben und Abneigungen. Sie wird von ein paar wenigen Menschen bevölkert, die Sie lieben, während sie für alle anderen verschlossen ist. Meine innere Welt sieht anders aus. Sie steht jedem offen. Alle können eintreten und sind willkommen. Wenn ich nach innen blicke, sehe ich nichts als Liebe, ich habe also nichts zu verbergen und nichts zu beschützen.«

Ich habe mich in all den Jahren immer wieder an diese Geschichte erinnert, weil sie mir sagt, daß der Ort, an dem die Liebe nie welkt, real ist. Ich glaube, daß das die einzige Vision ist, für die es sich zu leben lohnt.

Vierter Tag: Wie kann ich die Welt verändern?

Auf der Jagd nach dem Regenbogen

Am nächsten Morgen brauchte ich nicht lange nach Baba suchen. Als ich in die Küche hinunterging, um zu frühstücken, erhaschte ich einen Blick auf einen Schopf weißer Wuschelhaare, der gerade über das Fensterbrett lugte. Ich rannte hinaus, um ihn zu begrüßen. Er saß neben dem Hintereingang und schaute zum Himmel, als würde er auf irgend etwas warten.

»Baba, komm herein, und iß eine Schale Reis«, sagte ich.

»Würde ich wirklicher werden, wenn deine Eltern mich sähen?« fragte er.

»Ich weiß, daß du wirklich bist. Ich brauche keinen Beweis«, protestierte ich.

»Da unterstellst du aber zuviel«, sagte er. »Die meisten Leuten glauben, sie sind real, ohne es sich je selbst bewiesen zu haben.« Das klang zwar ein bißchen lustlos, aber Baba wirkte so frisch wie eh und je. Müßte ich ihn mir als Zauberer in einem Märchen vorstellen, dann sicher nicht als Vertreter der mürrischen, verdrießlichen Sorte.

Er sagte: »Ich habe mir ein ausgezeichnetes Projekt für uns heute ausgedacht. Wir gehen auf Regenbogenjagd.«

Das klang wie etwas, was man einem Fünfjährigen erzählt, aber ich wußte, daß er etwas ganz anderes damit meinte. Also lief ich ins Haus, stopfte ein bißchen Essen in meine Taschen und war nach zwei Minuten wieder vor der Tür. Baba schaute noch immer zum Himmel. »Es sah nicht gerade nach Regen aus«, meinte er.

»Also stehen die Chancen für einen Regenbogen schlecht«, sagte ich. Baba hatte sich schon längst auf den Weg gemacht, wie es so seine Art war.

»Wir brauchen uns nicht auf den Zufall zu verlassen«, sagte er über die Schulter. »Es gibt nicht viele Dinge, die aus purem Zufall passieren.«

Nicht, wenn ich mit dir unterwegs bin, dachte ich. Wir gingen die Straße hinunter und dann durch ein breites Feld, wo es kühler und grüner war. »Was, glaubst du, ist ein Regenbogen?« fragte er.

»Er ist Sonnenlicht, das durch Regentropfen gebrochen wird. Jeder Tropfen wirkt wie ein Prisma.« Ich wußte das aus dem Naturkundeunterricht.

»Oder er ist ein kleiner Fingerzeig.«

»Ein Fingerzeig, der auf was hinweist?«

»Wie das Universum entstanden ist«, sagte er. »In einem Regenbogen kannst du das ganze Universum sehen. Was ist das Universum? Licht und Raum. Ein Teil dieses Lichts ist Materie geworden, und ein Teil dieser Materie ist Wasser. Alles im Universum besteht also aus Licht, das durch einen Regenbogen strahlt. Jedes Partikel der Schöpfung enthält das Ganze.«

Wir stiegen noch immer den Hügel hinauf und waren schon höher oben als je zuvor. Es war schwierig, beim Gehen auch noch zu sprechen. »Dann jagen wir ja eigentlich das Universum?« sagte ich.

»In gewisser Weise ja. Aber ich glaube, daß der Hinweis, dem wir folgen, noch größer ist«, sagte Baba, der sich nicht anmerken ließ, ob er wußte, wie müde ich schon war.

»Was ist größer als das Universum?« fragte ich. Ich merkte, daß Babas Stimmung mit jedem Meter, den wir aufstiegen, besser wurde und er jetzt sein ›Ich-habe-ein-Geheimnis-Lächeln‹ trug.

»Jemand, der das Universum verwandeln kann.«

»Und wer kann das?« fragte ich.

»Du«, antwortete er. »Niemand außer dir.«

Was ich gelernt habe: Meistens geht es bei Spiritualität um das Unmögliche, und dieser vierte Tag mit Baba bildete da keine Ausnahme. Ich bin sicher, daß du auch schon einmal gehört hast, daß die Jugendzeit die idealistischste Phase im Leben eines Menschen darstellt. Jugendliche wollen die Welt verändern, und wenn sie dann erwachsen sind, erkennen sie, daß das unmöglich ist. Die Welt ist einfach, wie sie ist, und ein einzelner kann nichts dagegen ausrichten. Baba konnte sich dieser Überzeugung nicht anschließen. Aber er war weit davon entfernt, ein blauäugiger Idealist zu sein. Für ihn ist das Verwandeln der Welt eines der natürlichsten Dinge, die wir tun können. Tatsächlich ist es unmöglich, die Welt *nicht* zu verändern. Er ging also einen Schritt weiter und sagte mir, daß ich das Universum verändern könnte.

Das Geheimnis dahinter ist wie immer unsichtbar. Betrachte eine weit entfernte Galaxie, deren Licht Millionen von Jahren braucht, um zur Erde zu gelangen. Fühlst du dich weit entfernt von dieser Galaxie? Deine Augen sagen dir, daß du weit entfernt bist, aber unter der Oberfläche existiert überhaupt keine Entfernung. Die Physik sagt uns, daß kein einziges Elektron vibrieren kann, ohne das ganze Universum zu erschüttern. Jedes Partikel ist Teil eines einzigen Feldes, das sich unendlich in alle Richtungen erstreckt; dieses Feld fühlt und nimmt jedes Ereignis unmittelbar wahr, egal, wo es stattfindet. Ein geistreicher Physiker sagte einmal: »Wenn du das Universum hier kitzelst, bricht es dort drüben in Lachen aus.«

Stell dir einen kleinen Kompaß vor, dessen Nadel nach Norden zeigt. Er hat keine Ahnung davon, daß ein riesiges Magnetfeld dafür verantwortlich ist, da das Feld unsichtbar ist. Aber wenn du den Kompaß bewegst, zieht das Feld die Nadel pausenlos in die richtige Position zurück. Es ist nicht notwendig, ein Signal zum magnetischen Nordpol zu senden, um ein Antwortsignal zu erhalten. Das Feld hat den Kompaß erspürt und verändert; und im Gegenzug hat der Kompaß das

Feld verändert, weil kein winziges Teil sich verändern kann, ohne das Ganze zu verändern.

Du bist Teil des kosmischen Feldes. Dein Körper fließt mit dem Magnetismus, wie ein Kompaß, und genauso mit der chemischen und elektrischen Energie. Jeder deiner Gedanken findet also nicht nur in deinem Kopf statt, sondern auch in diesem Feld. Dein Geist hört das Universum ab.

Die Spiritualität ist aber der Wissenschaft in einem Punkt einen Schritt voraus: Sie glaubt, daß das Feld lebt und intelligent ist. Das ganze Universum denkt. Dafür gibt es einige Hinweise. Vor einigen Jahren wurde ein Experiment durchgeführt, das mit unsinnigen Wörtern arbeitete. Man zeigte Kindern aus Japan ein Gedicht in Japanisch sowie Wörter, die keinen Sinn ergaben. Den japanischen Kindern fiel es nicht schwer, zu erkennen, welche Wörter das Gedicht bildeten. Dann wurden dieselben Worte westlichen Kindern gezeigt, die nur Englisch sprachen. Seltsamerweise gelang es auch ihnen, zu unterscheiden, welche Worte im Japanischen das Gedicht bildeten und welche Unsinn ergaben. Wie schafften sie das? Es war, als würden sie dieses Wissen aus der Luft greifen – oder, wie wir sagen würden, aus dem Feld.

Kann das Feld Japanisch? Vielleicht kann es ja wesentlich mehr. Albert Einstein sagte, daß er, wenn er tief in die Gesetze der Natur eintauchte, versuchte herauszufinden, wie der Geist Gottes wirkt – man könnte genausogut sagen, die Schöpfung hätte einen Geist. Ich glaube, daß sie tatsächlich einen Geist hat, und Baba war auch dieser Meinung. Deine Intelligenz ist die gleiche wie die des Universums. Das Auge führt dich in die Irre, indem es dich glauben macht, daß die Welt riesig und du klein bist. Aber Baba versuchte unermüdlich mich davon abzubringen, meinen Augen zu glauben.

Es gab einmal einen großen Lehrer, der viele hingebungsvolle Schüler hatte. Eines Tages kam ein junger Mann zu ihm, der sehr niedergeschlagen war, und sagte: »Du stehst so viel höher als ich, und es wird mir nie gelingen, dich einzuholen. Wenn ich abends im Bett liege, denke ich an Jesus und Buddha und all die anderen großen Meister. Wie kann jemand, der so schwach ist wie ich, Erleuchtung erlangen?«

Der Lehrer dachte einen Augenblick nach und sagte dann: »Du nimmst dich selbst als klein und schwach wahr, weil du mit deinen körperlichen

Augen und nicht mit den Augen deiner Seele schaust. Ich sehe das Licht in dir, und es ist dasselbe Licht, das auch in Jesus, Buddha und all den anderen Heiligen leuchtete. Heute ist das Licht vielleicht noch klein, aber die Größe ist nicht wichtig. Dein Licht vereint dich mit den Erleuchteten. Arbeite einfach weiter daran, bis dein volles Leuchten die Welt erfüllt.«

Aus dem Weg!

Baba war es ernst damit, mich auf eine Suche mitzunehmen. Es hatte fast den Anschein, als würden wir auf Safari gehen. Wir stapften weiter die Hügel hinauf und wieder hinunter, ohne ein Wort zu sagen. Ich hatte den Eindruck, als wollte er, daß ich nachdenke, also grübelte ich, bis mir davon schlecht wurde. »Was machen wir da eigentlich?« platzte ich heraus.

»Was glaubst du, daß wir tun?« fragte er.

Ich wischte mir den Schweiß von der Stirn und schaute zum glutheißen, klarblauen Himmel. »Wir suchen jedenfalls keinen Regenbogen, soviel ist klar.«

»Laß dich nicht aus der Fassung bringen«, sagte Baba. »Suchen wir etwas Leichteres. Wie wäre es mit Gott?«

»Gott?« Das war ein Wort, das Baba nur ganz selten benutzte. »Warum glaubst du, daß Gott leichter zu finden wäre? Die meisten Leute glauben das Gegenteil«, sagte ich.

»Das kommt daher, daß Gott es so gut schafft, uns zu gehorchen. Vor langer Zeit wandten sich die Menschen an Gott und sagten: ›Geh uns aus dem Weg, wir wissen, wie wir die Welt regieren müssen‹, und das tat er dann auch. Gott funkt uns nicht mehr dazwischen.«

»Baba, heute sagst du ganz besonders seltsame Dinge«, bemerkte ich. »Du glaubst, Gott sei verschwunden, weil wir ihn darum baten?«

»Daran besteht gar kein Zweifel. Ich sagte dir ja schon, daß du die Welt verändern kannst. Gott wäre nicht von der Bildfläche verschwunden, wenn das nicht stimmte. Er wäre dageblieben und hätte die Dinge selbst in die Hand genommen.«

»Er ist also wirklich nicht da?«

»Das habe ich nicht gesagt. Es war für ihn fast unmöglich, sich zurückzuziehen. Dann fiel ihm etwas sehr Gescheites ein: Er verschwand, ohne zu verschwinden.« Statt weiterzugehen, blieb Baba nun stehen. Er zauberte einen kleinen mit Wasser gefüllten Krug hervor. Er hielt ihn mir hin und schaute mir zu, wie ich das Wasser in mich hineingoß.

»Willst du nichts?« fragte ich.

»Nein, ich will, daß der Krug leer ist.« Baba nahm ihn mir aus der Hand. »Schau ihn genau an. Du siehst die Tonwände dieses Krugs? Und du siehst den Raum, den sie umschließen?«

Plötzlich nahm er einen Stein und schlug den Krug in Stücke. »Habe ich nun den Raum da drinnen zerstört?«

»Nein.«

»Da siehst du, wohin Gott verschwunden ist. Er hat vielleicht alle sichtbaren Beweise dafür, daß er je auf dieser Welt war, ausgelöscht, aber er ist genauso gegenwärtig wie der Raum in diesem Krug. Überall, wohin du schaust, ist Raum für den Geist. Gott läßt uns unsere Entscheidungen treffen, weil nichts, was wir machen, seinen Geist verschwinden machen kann.«

»Müssen Menschen an Gott glauben?« fragte ich.

»Es ist eine Entscheidung, die wir treffen«, sagte

Baba. »Wir alle wollen unser eigenes Leben führen, und manche Menschen fühlen sich besser, wenn sie Gott an ihrer Seite haben, und anderen wiederum geht es besser, wenn sie glauben, ganz allein auf sich gestellt zu sein. Aber das bedeutet nicht, daß du Gott hast verschwinden lassen. Er ist einfach nur *für dich* verschwunden. Es kann ja sein, daß der göttliche Plan sehr gut funktioniert, nur ahnst du nichts davon.«

Was ich gelernt habe: Baba lehrte mich etwas darüber, wer die Welt regiert. Regiert Gott sie, dann muß er es mit oder ohne uns tun. Wenn er es ohne uns tun muß, dann gibt es in Wirklichkeit nichts, was die Menschen tun könnten, außer den Allmächtigen oder die Allmächtige zu verehren und zu hoffen, ihm oder ihr zu gefallen. Aber wenn Gott die Welt mit uns regiert, müssen wir aufstehen und unsere Rolle ernst nehmen.

Baba glaubte, daß es einen göttlichen Plan gibt, den uns Gott aber nicht zeigt, geschweige denn, daß er sich selbst zeigt. Wie können wir also mit seinem Plan kooperieren? Baba lehrte mich, daß Gott hier ist, in Form von Geist. Wenn ich mit meinem Geist in Kontakt trete, dann unterstütze ich den göttlichen Plan. Sobald ich eine kreative Idee habe, hat sie Gott durch mich. Die Arbeit Gottes ist nicht wie ein endgültiger Plan, in den niemand mehr eingreifen darf. »Wenn du wirklich deinen Schöpfer sehen willst«, sagte Baba, »dann werde selbst ein Schöpfer. Das funktioniert wie Katzenminze: Gott kann dann gar nicht anders, als dir zu helfen.«

Je mehr du deinen Geist dem Unbekannten öffnest, desto mehr Hilfe wird deine Seele anbieten (dieses ganze Buch ist ein einziges geistiges Sich-Öffnen, und ich hoffe, du wirst von nun an eine wahre Flut spiritueller Hilfe bekommen). Ich habe gelernt, mich an einen Rat zu halten, den ich vor vielen Jahren einmal bekommen habe: »Nimm ein großes Projekt in Angriff, und sobald du den ersten Schritt getan hast, wirst du erstaunt sein, wie viele unsichtbare Kräfte dir zu Hilfe kommen.« Das bedeutet, daß du mit einer neuen Idee unsichtbare Kräfte mobilisierst; sie bemerken dich und versuchen dir zu helfen. Du hast nun die Wahl, sie entweder abzublocken oder dich von diesem Strom mittragen zu lassen. Und hier findest du alles, was du brauchst, um dich von diesem Strom mittragen lassen zu können:

Ein Spielplan zum Erreichen von Zielen

1. Konzentriere dich auf das, was du erreichen willst; laß es in deinem Geist wachsen und sich entwickeln.
2. Bitte deine Seele um Hilfe und Ermutigung.
3. Lege alles beiseite, und laß die Ergebnisse Gestalt annehmen.
4. Handle, wenn du ein Gefühl der Klarheit hast.
5. Handle nicht, wenn du im Zweifel bist.
6. Verbreite keine Verwirrung; vertraue auf dein Ziel.
7. Handle nicht aus Wut, Angst oder anderen negativen Impulsen heraus.
8. Nimm immer das Beste an.
9. Sieh in jedem Ergebnis das Beste, was du in diesem Augenblick tun kannst.
10. Gib dir nicht die Schuld für Rückschläge.
11. Laß dich nicht einschüchtern, und verkrampfe dich innerlich nicht, wenn etwas nicht so funktioniert, wie du willst. Sei offen für die Lehre, die jeder Rückschlag enthält.
12. Beschuldige nicht die anderen.
13. Sei dir bewußt, daß jedes Ergebnis möglich ist.
14. Laß die Vergangenheit hinter dir. Vertraue in eine bessere Zukunft.

15. Akzeptiere schlechte Ergebnisse nicht passiv – verändere, was immer in dir verändert werden muß.
16. Erzwinge nichts, kontrolliere die Situation nicht.
17. Verlier dich nicht in Hirngespinsten. Versuche, so präsent wie möglich zu sein, ohne dich ablenken zu lassen.
18. Fühle dich sicher und in dir zentriert.
19. Suche nach Zeichen dafür, daß du auf dem richtigen Weg bist.
20. Sei verantwortlich für dein eigenes Schicksal.

Dieser Zustand des Fließens läßt sich folgendermaßen zusammenfassen: Der Geist kann alles erreichen, sofern du dich ihm nicht in den Weg stellst. Wenn du dich wirklich auf dieses Fließen einlassen kannst, dann gibt es viel weniger Kampf und Streß, und du mußt dich nicht mehr so sehr anstrengen.

Ich nehme diese Liste immer dann wieder zur Hand, wenn ich nicht in diesem Zustand des Fließens bin und etwas brauche, was mich an all die Blockaden erinnert, die das Leben schwierig machen, zum Beispiel wenn ich negativ denke, wenn ich anfange, alles zu kritisieren, wenn ich das Vertrauen verliere, wenn ich mich innerlich anspanne, und so weiter. Das alles ist genau das Gegenteil von dem, was die Liste von mir verlangt. Wenn du aufhörst, dir selbst im Weg zu stehen, dann findest du auch deine stille, sichere Mitte wieder. Sobald du auf ein Problem stößt, verwandle es in eine spirituelle Lektion: Lerne zum Beispiel, Geduld und Mut zu haben. Niemand wächst, wenn alles immer zu einfach ist. Aber du solltest das Kämpfen nicht als den normalen oder richtigen Weg ansehen.

Gott sucht Mit-Schöpfer, nicht Soldaten. Während der Geist in dir wächst, entdeckst du, daß es viel leichter ist und wesentlich mehr Spaß macht, ein Schöpfer zu sein, als irgendeinen Kampf zu gewinnen.

Reines Gold

»Sprichst du mit Gott?« fragte ich Baba. »Spricht er mit dir?«

»Auf eine gewisse Weise, ja«, sagte er. »Ich höre zwar seine Stimme nicht, aber ich weiß ohnehin, was Gott will. Das ist das Leichteste auf der Welt.«

»Wirklich?«

Baba hatte beschlossen, eine kurze Rast zu machen, damit wir uns von den Strapazen des Wanderns erholen konnten. Er hatte einen Bach tief im Wald entdeckt, und wir hielten unsere Füße hinein, um sie zu erfrischen.

»Niemand scheint zu glauben, daß es leicht ist, Gottes Absichten zu erkennen«, sagte ich. Ich fragte mich, ob Baba eine weitere seiner listigen Antworten parat hatte.

»Diesmal gibt's keine Tricks«, sagte er. »Wer könnte schon Gott reinlegen? Obwohl wir alle es ständig versuchen.«

Ich dachte, er würde sich jetzt über dieses Thema auslassen, aber er schaute nur lange ins Wasser. »Diese ganze Situation ist ziemlich verfahren«, sagte er. »Vielleicht kannst ja du mir sagen, was Gott wollen könnte, wenn er allmächtig ist – wenn wir einmal davon absehen, daß er ohnehin nicht spricht?«

»Er könnte eine Menge wollen, wovon ich noch keine Ahnung habe.«

»Schau nicht so nervös«, sagte Baba und lächelte. »Vielleicht ist Gott ja gar nicht wie ein unerbittlicher Chef, der mehr verlangt, als du geben kannst, und dich zu Überstunden zwingt.«

»Das wäre eine Erleichterung«, gab ich zu. »Aber ich würde lieber hören, was du mir erzählen wolltest.«

»Gott kann nur eines wollen«, sagte Baba und erzählte mir die folgende Geschichte:

»Eines Tages war niemand im Haus eines reichen Mannes, und alle seine teuren Besitztümer begannen zu streiten.

›Ich bin das wertvollste Ding hier‹, verkündete ein goldener Ring voller Stolz.

›Nein, stimmt ja gar nicht‹, sagte eine goldene Halskette noch stolzer. ›Schau, wie fein gearbeitet und schön ich bin. Kein einfacher Ring kann sich mit mir vergleichen.‹

›Ihr habt beide unrecht‹, sagte eine goldene Uhr voller Verachtung. ›Ich bin zehnmal komplizierter gebaut als jede Halskette, und außerdem bin ich auch noch nützlich.‹

Der Streit wurde immer lauter, bis eine alte Standuhr in der Ecke sich einmischte. ›Ihr habt alle unrecht‹, sagte sie. ›Einen Ring kann man nicht mit einer Halskette vergleichen, und eine Halskette ist etwas anderes als eine Uhr. Aber ihr seid alle aus demselben reinen Gold gemacht, und das macht euch gleich.‹«

Baba schaute mich an, als er mit seiner Geschichte fertig war. »Verstehst du, was mit dieser Geschichte gemeint ist?« fragte er. »Gott ist wie diese Standuhr, er sieht in jedem von uns die geistige Ebene, aber wir, wir sehen immer nur die Unterschiede. Wir glauben, unser Aussehen, unsere Worte und Handlungen bestimmen, was wir sind. Deswegen will Gott nur eines: Er will, daß wir unsere Masken fallenlassen. Sobald du dich so siehst, wie er dich sieht, gibt es nichts, was Gott noch wollen könnte.«

Was ich gelernt habe: Diese Lektion ließ mich aufatmen. Ich hatte mir schon immer den Kopf darüber zerbrochen, was Gott eigentlich von mir wollen könnte, und fragte mich auch, wie er reagieren würde, wenn er wütend auf mich wäre. Mir kam es unendlich schwierig vor, das zu verstehen. Es schien mir unmöglich, gleichzeit ›heilig‹ und ein normaler Junge zu sein. Aber Baba lehrte mich, daß man, wenn man ein spirituelles Leben führt, nicht so tun muß, als wäre man heilig, und du mußt auch niemanden nachahmen, der deiner Meinung nach heilig ist. Du bist spirituell, wenn du aufhörst, so zu tun, als sei Gott überall, nur nicht in dir. Darum ging es in diesem Gleichnis, das Baba mir erzählte. Das reine Gold in der Geschichte ist das wertvollste Ding auf Erden, und das gilt auch für den Geist. Das einzige Ding, das ihm nahekommt, ist die Luft: Du kannst kein Preisschild auf die Luft kleben, obwohl sie für jede Form von Leben unentbehrlich ist.

Ich habe Leute sagen hören, daß menschliche Wesen verkleidete Engel sind. Jedem von uns wird eine Aufgabe hier auf Erden zugewiesen, aber sobald wir unsere Befehle empfangen haben, löscht Gott bei der Geburt die Erinnerung daran aus. Auf uns wartet also das Abenteuer, herauszufinden, was wir eigentlich hier auf der Erde sollen. Mir gefällt diese Vorstellung, aber eine Person kann einen göttlichen Auftrag haben, auch ohne ein Engel zu sein. Die folgende Geschichte trifft das ziemlich genau:

Als Gott die Welt schuf, rief er seine Engel zu sich und sagte: »Ich schaffe die Menschen nach meinem Vorbild. Sie werden kreativ, intelligent und gut sein. Sie verfügen durch ihre Geburt über alle göttlichen Eigenschaften.«

Die Engel sagten: »Aber wenn sie die Wahrheit über sich selbst wissen, wird ihr Leben allzu reibungslos und langweilig sein.«

»Dann werde ich die Wahrheit auf dem höchsten Berggipfel verstecken«, meinte Gott.

»Die Menschen werden aber sehr schnell herausfinden, wie sie den höchsten Berg erklimmen können«, sagten die Engel.

»Dann versenke ich sie am tiefsten Meeresboden«, sagte Gott.

»Aber die Menschen werden herausfinden, wie sie bis an den Meeresgrund tauchen können«, erwiderten die Engel.

Sie diskutierten weiter, wo die Wahrheit vor so intelligenten Geschöpfen am besten versteckt werden sollte. In den Wolken? Auf dem Mond? Zwischen den entfernten Galaxien? Dann hatte Gott eine brillante Idee: »Ich weiß«, sagte er, »ich verstecke die Wahrheit im Herzen der Menschen. Dort werden sie sie am allerwenigsten suchen.« Die Engel applaudierten, und genau das hat Gott dann auch getan.

Diese Geschichte ist lustig und traurig zugleich. Solange die Menschen sich verkleiden, bleibt die Wahrheit gut versteckt in ihren Herzen. In gewisser Hinsicht war Babas Lektion sehr eigenartig, denn wenn man es genau bedenkt, kann der Schöpfer des Universums eigentlich gar nichts wollen. Gott ist bereits überall. Er ist kein alter Mann, der auf einem Thron im Himmel sitzt. Gott ist weder ein Er noch eine Sie. Gott ist der Geist an sich. Aber wenn du ihn dir als menschliches Wesen vorstellst, würde Gott von uns verlangen, eine wahrhaft erstaunliche Tatsache anzuerkennen: Unsere Essenz und seine Essenz sind ein und dieselbe. Geist ist Geist, egal, ob du ihn nun in einem menschlichen Wesen oder im Schöpfer findest. Schau nur einmal genauer hin – die Ähnlichkeit ist unverkennbar.

Das süße Leben

Ich muß neben dem Bach eingeschlafen sein, denn woran ich mich als nächstes erinnern konnte, war das warme Gras unter meiner Wange. Ich setzte mich auf und rieb mir die Augen. »Machen wir uns dann auf den Weg?« murmelte ich.

»Brauchen wir gar nicht«, sagte Baba, »ich habe gefunden, was ich gesucht habe.« Ich brauchte ein paar Sekunden, um zu verstehen, daß er den Himmel anstarrte, und als ich aufschaute, war er da: der Regenbogen.

»Aber das ist unmöglich!« rief ich. Der Himmel war so klar wie vorher, aber es war nicht zu leugnen, daß sich ein perfekter Regenbogen über uns spannte. Ich fühlte das Gras rund um mich herum. »Der Boden ist trocken. Was ist da los?«

»Ich kann dir zwei Erklärungen dafür geben«, sagte Baba schnell. Er wollte vermeiden, daß ich dächte, er hätte da wieder irgendeinen magischen Trick angewandt. »Manchmal können Regenbogen auch am blauen Himmel erscheinen, weil die Feuchtigkeit in der Luft gebunden ist. Die Feuchtigkeit formt winzige Tröpfchen, die das Licht auf genau die richtige Weise brechen. Das ist selten, aber es kommt vor.«

»Und was ist die zweite Erklärung?« fragte ich, obwohl die erste mir schon einleuchtend genug schien.

»Ein Regenbogen hat sich gebildet, weil wir einen Regenbogen gesucht haben.«

Ich sagte: »Diese Erklärung ist schon wesentlich schwieriger zu glauben.«

Baba zuckte mit den Schultern: »Warum dann nicht beide hernehmen?«

»Weil nur eine stimmen kann«, sagte ich.

»Wenn du lernst, unter die Oberfläche zu

schauen, dann können beide ihre Gültigkeit haben. Feuchtigkeit mußte diesen Regenbogen bilden. Aber meine Seele wußte auch, daß wir einen suchten.« Baba klang zu sicher, als daß ich mich auf eine Auseinandersetzung einlassen wollte, und langsam glaubte ich ihm, wie ich es so oft tat, wenn er etwas Unmögliches sagte.

Er fuhr fort: »Ich sagte dir, daß es scheint, als sei Gott gar nicht da. Aber trotzdem tut er, was wir wollen. Die Aufgabe des Geistes besteht darin, unsere Gedanken Wirklichkeit werden zu lassen. Und Gott übersieht nichts. Wenn wir einen Regenbogen betrachten, dann sehen manche von uns Wassertröpfchen, die Licht brechen, während andere darin einen Augenblick der Freude erkennen, den der Geist uns bereitet.«

Wir legten uns zurück und betrachteten den Regenbogen, der in diesem Moment noch intensiver wurde. Es war fast unheimlich, einen Regenbogen ohne Wolken zu sehen, aber gleichzeitig auch wunderschön. »Warum fühle ich mich so gut, wenn ich einen Regenbogen sehe?« fragte ich.

»Weil das Leben angenehm sein soll, und wenn du etwas so Schönes wie einen Regenbogen siehst, erinnerst du dich wieder daran.« Baba sagte nichts mehr, als der Regenbogen langsam verblaßte, ohne auch nur den geringsten Hinweis darauf zu hinterlassen, daß er überhaupt existiert hatte.

Was ich gelernt habe: Der Regenbogen hat mich noch lange begleitet. Während meiner Jugendzeit lag mein Schwerpunkt im College fast ausschließlich auf Naturwissenschaften, mein Geist lernte also all jene Erklärungen, die die Seele nicht berücksichtigen. Aber Baba lehrte mich, daß Augenblicke der Freude, die Zeiten, in denen das Leben wirklich angenehm ist, aus dem Geist kommen. Ich mußte mir selbst beibringen, unter die Oberfläche zu schauen und den verborgenen Geschmack dieses angenehmen Lebens zu schmecken. Wenn ein Regenbogen sich in einem wolkenlosen blauen Himmel verstecken kann, wer weiß, was sich dann sonst noch alles in einem ganz normalen Tag versteckt?

Die Leute fragen: »Wie definierst du Gott?« Baba hatte die einfachste Antwort, die ich je gehört habe: Er ist die Überraschung, mit der du absolut nicht gerechnet hast. Er ist der Regenbogen am wolkenlosen Himmel. Das ist eine blumige Art und Weise, zu sagen, daß Gott der Geist ist, der uns immer wieder in alltäglichen Dingen verblüfft. Gott ist nicht so weit weg, wie wir Menschen immer zu glauben scheinen. Um ihn zu finden, mußt du dich ihm nur mit jedem Tag ein bißchen mehr annähern. Es reicht aber nicht, daß du in deiner alten Routine steckenbleibst. Du mußt aus dem Gewöhnlichen heraustreten. Wo bliebe sonst die Überraschung?

Besser als jeder Regenbogen sind aber die Überraschungen, die du dir selbst bereitest. Unter der Oberfläche birgt jeder Tag zumindest eine Chance für eine spirituelle Überraschung. Unter der Oberfläche bist du ganz anders, als du je gedacht hast. Ich habe einmal eine Liste aufgestellt, mit deren Hilfe ich mir solch einen »Aha!«-Moment schaffen konnte. Wähle irgendeinen Eintrag aus der Liste, und du findest eine einfache Anleitung dafür, wie du dich auf eine vollkommen neue Art und Weise sehen kannst – wie jemanden, der dieselbe Macht und Vision hat wie deine Seele.

Anleitungen für spirituelle Überraschungen

Anerkennung

Heute entscheide dich dafür, jemanden wertzuschätzen. Behalte aber diese Wertschätzung nicht für dich. Sie ist die beste Art und Weise, zu zeigen, daß du jemanden nicht für gegeben hinnimmst. Ich kann mich an Worte erinnern, die mir Leute vor Jahren gesagt haben und die das Bild, das ich von mir hatte, veränderten. »Du bist ein guter Mensch« ist eine unglaubliche machtvolle Aussage, wenn sie von der richtigen Person kommt, von jemandem, den du zutiefst respektierst. »Du bist so rücksichtsvoll« oder »Ich mag, wie du gewisse Dinge sagst« oder »Ich bin froh, daß ich mich auf dich verlassen kann« sind alles anerkennende Worte, die jemand, den du kennst, gerne hören würde. Wenn Leute ein Haus verkaufen und mehr als erwartet dafür bekommen, dann sagen sie, es hätte an Wert gewonnen. Dasselbe gilt auch für Menschen: Wenn du sie wertschätzt, dann gewinnen sie vor deinen Augen an Wert.

Darüber hinaus

Entscheide dich jetzt dafür, über deinen eigenen Standpunkt hinaus zu schauen. Sag zu jemandem: »Sag mir mehr darüber, wie du die Dinge siehst.« Es ist nicht schwer, sich dafür Zeit zu nehmen – warte einfach, bis du das Gefühl hast, du hättest etwas ganz Wichtiges zu sagen, dann halte inne und laß jemand anderen zu Wort kommen. Die Seele registriert alle Standpunkte, und je mehr du dir diese Gewohnheit aneignest, desto spiritueller wird dein Leben sein. Baba konnte das sehr gut erklären.

»Kennst du die Geschichte von den Blinden und dem Elefant?« fragte er.

Natürlich kannte ich sie. In Indien kennt jedes Kind die Fabel von den sechs Männern, die versuchen, einen Elefanten zu beschreiben, obwohl sie alle blind sind. Der erste Blinde berührte die Flanke des Elefanten und sagte: »Ich weiß, wie ein Elefant aussieht: Er ähnelt sehr stark einer Mauer.« Der zweite Blinde befühlte den Rüssel des Elefanten und sagte: »Nein, ein Elefant ähnelt eher einem Speer.« Der dritte Mann umfaßte den Rüssel, für ihn war der Elefant wie eine Schlange. Und so ging es weiter. Der Schwanz fühlte sich an wie ein Seil, das Ohr wie ein Fächer, das Bein wie ein Baum. Keiner der sechs Blinden hatte vollkommen recht, und das ist auch die Moral der Geschichte: Wenn du nur ein bißchen über etwas weißt, dann weißt du in Wirklichkeit überhaupt nichts.

»Das Rätsel ist aber noch nicht ganz gelöst«, sagte Baba. »Warum, glaubst du, waren es gerade sechs Männer? Warum nicht sieben oder drei Blinde? Die Zahl sechs steht für die fünf Sinne plus den Geist. Wir benutzen diese sechs Dinge, um uns vorzustellen, wie das Universum beschaffen ist. Denn das Universum ist wie der Elefant, und die eigentliche Moral der Geschichte ist, daß du nicht darauf vertrauen kannst, daß deine Sinne dir sagen, was wirklich ist, egal, wie sehr du dich auch bemühst. Es braucht etwas anderes – das Auge der Seele –, um den Elefanten zu sehen, wie er tatsächlich ist.«

Erzähle heute jemandem von einem Gefühl, von dem du lange Zeit mit niemandem gesprochen hast. Sei mutig genug, es mitzuteilen. Kommunikation hat immer zwei Seiten. Da ist einerseits das, was du sagst, und andererseits das, was du nicht sagst. Die meisten spirituellen Gefühle fallen in die zweite Kategorie. Es ist schwierig, über das Gefühl zu sprechen, daß Gott dich liebt oder daß er dich nicht liebt. Es ist schwierig, über die tiefsten Gefühle, die du für deine Familie empfindest, zu sprechen. Aber der Geist mag es nicht, im Inneren gefangen zu sein, also behalte diese Gefühle nicht zu lange für dich, denn sonst besteht die Gefahr, daß sie steckenbleiben.

Du mußt ja nicht gleich mit etwas wirklich Persönlichem und Tiefem beginnen. Such heute jemanden, der dir zuhören wird, wenn du über ein Gefühl sprichst, über das du noch nie geredet hast. Es könnte etwas so Einfaches sein wie: »Ich habe den Eindruck, daß wir uns wirklich sehr ähnlich sind«, oder: »Ich fühle mich in deiner Gesellschaft wirklich wohl.« Das klingt als Anfang vielleicht sehr simpel, aber das ist tatsächlich eine sehr wirkungsvolle Methode, deine Seele zu erreichen. Wenn du offenbarst, was in deiner Seele los ist, ist es ein bißchen, als würdest du telefonieren. Du kannst nicht erwarten, jemanden zu erreichen, wenn die Verbindung unterbrochen ist. Viele Leute glauben, sie blieben in der Warteschleife hängen, wenn sie Gott anrufen, aber in Wirklichkeit ist die Leitung außer Betrieb. »Warum repariert Gott die Leitung dann nicht einfach selbst?« fragte ich Baba.

»Weil nicht er sie unterbrochen hat«, erwiderte Baba. »Wenn du gleich jetzt beginnst, mitzuteilen, was dir wirklich am Herzen liegt, dann wirst du die Leitung Stückchen um Stückchen reparieren, bis du und der Geist wieder miteinander reden könnt.«

Etwas für andere tun

Beschließe heute, etwas für andere zu tun. Nimm etwas, worüber du selbst dich freuen würdest, wenn es jemand anders für dich täte. Zu Hause kann das so etwas Einfaches sein wie das Essen auf den Tisch stellen, ohne gefragt zu werden, oder jemandem das Bett zu machen (vielleicht wird derjenige dann gleich in Ohnmacht fallen, also ist das eine besonders gute Wahl). Oder du könntest für jemanden, mit dem du noch nicht wirklich Freundschaft geschlossen hast, einen Platz in der Schlange an der Kinokasse reservieren.

Wofür auch immer du dich entscheidest, tu es im Geiste der Selbstlosigkeit. Wie weißt du, wie sich das anfühlt? Baba hatte eine überraschende Idee, was dieses Gefühl betrifft. »Wenn du etwas für einen anderen Menschen tust, dann muß es sich anfühlen, als würdest du es für dich selbst tun.«

»Das klingt seltsam«, sagte ich.

»Aber es stimmt. Auf der Ebene der Seele gibt es keinen Unterschied zwischen dir und einem anderen Menschen. Das Gefühl, das sich einstellt, wenn du jemandem hilfst, tut genausogut, wie wenn du dasselbe für dich tun würdest. Ja, es ist sogar noch angenehmer, weil durch jede selbstlose Handlung mehr Liebe in die Welt kommt. Und gibt es etwas Besseres als das?«

Beschließe heute, die Art und Weise, wie du Dinge siehst, zu erweitern. Erforsche ein Buch – z.B. über Astronomie oder Medizin –, das andere als zu schwierig für dich halten würden. Wenn du zu einem Fußballspiel gehst, dann versuche, beide Seiten anzufeuern. Bist du ein Junge, dann nimm dir fünf Minuten Zeit, um darüber nachzudenken, wie ein Mädchen gewisse Situationen sehen würde – oder umgekehrt, wenn du ein Mädchen bist. Wenn wir Dinge aus der Sicht des anderen Geschlechts betrachten, erweitern wir immer unseren Horizont, weil wir normalerweise viel Zeit damit verbringen, uns einzureden, daß die Sicht des Mannes bzw. der Frau die einzig richtige sein muß. Baba ging noch viel weiter. Seiner Meinung nach sollte jeder täglich in fünf Bereichen eine solche Erweiterung anstreben.

Geist: Du erweiterst dich geistig, wenn du mehr vom Leben und der Seele verstehst.

Körper: Du erweiterst dich körperlich, wenn du dich leicht, sorglos und sicher in der Welt fühlst.

Gefühle: Du erweiterst dich gefühlsmäßig, wenn du dich glücklicher und positiver fühlst. Gleichzeitig deprimieren dich Angst und Wut nicht mehr mit ihrer Negativität.

Psychologie: Du erweiterst dich psychologisch, wenn du dich freier fühlst.

Spiritualität: Du erweiterst dich spirituell, wenn deine Vision vom Leben Wirklichkeit wird.

Ich wende alle diese fünf Ebenen auf mich selbst an, und nur wenn die Erweiterung auf allen Ebenen stattfindet, fühle ich, daß ich meiner Seele näherkomme.

Vergebung

Vergib heute jemandem etwas, womit er dich einmal verletzt hat. Dafür mußt du gar nicht mit dieser Person, die dir Unrecht getan hat, sprechen oder ihr dieses Verzeihen kundtun. Allerdings mußt du wirklich vergeben, das heißt, von diesem Tag an muß das Unrecht vollkommen ausradiert sein. Dann wirst du die betreffende Person so behandeln, als hätte die Verletzung nie stattgefunden. (Ich bin sicher, du kennst Menschen, die am Montag »Ich verzeihe dir« sagen, aber es irgendwie schaffen, am Dienstag die Beleidigung wieder zum Thema zu machen – oder sie ärgern sich das nächste Mal wieder. Wenn du merkst, daß du selbst sagst »Erinnerst du dich, daß du mir X angetan hast?«, dann hast du nicht richtig verziehen oder vergessen.)

Selbst wenn du jemandem eine Menge verzeihen mußt, so kannst du doch immer mit einer kleinen Sache anfangen. Baba war sich jedoch im klaren darüber, daß dies eine Herausforderung darstellt.

»Findest du es schwer, Menschen zu vergeben, die etwas Falsches getan haben?« fragte er.

»Freilich, vor allem wenn sie es mir angetan haben«, sagte ich.

»Warum versuchst du es dann überhaupt?«

»Weil man es von mir erwartet.«

»Jetzt weißt du, warum du *nicht* zu vergeben brauchst«, sagte Baba. »Etwas, was du tust, weil man es von dir erwartet, ist erzwungen. Erinnere dich daran, wie man dich als Kind angehalten hat, nach einem Streit mit deinem Bruder wieder gut zu sein. Du hast einzig und allein deswegen gehorcht, weil deine Eltern über dir standen. Diese Art von Vergeben schafft nur noch mehr Groll, den du in dir vergräbst, weil Groll als schlecht gilt. Es gibt aber eine andere Art und Weise, damit umzugehen. Vergib, weil das Verzeihen vergiftende Erinnerungen aus deinem Gedächtnis löscht. Vergib, weil es dir ermöglicht, dich selbst zu akzeptieren. Letzten Endes kannst du dich ohne Vergeben nicht selbst akzeptieren, weil du in den tiefsten Tiefen deines Herzens weißt, daß auch du dir Vergebung erwartest. Sobald du dir das eingestehst, werden die Leute die Ehrlichkeit in deiner Stimme wahrnehmen, wenn du ihnen verzeihst.«

Geschenk

Beschließe heute, das Leben als Geschenk zu betrachten. Nimm dir einen Augenblick Zeit, um die Segnungen in deinem Leben aufzulisten. Vielleicht klingt das ein bißchen sentimental, aber Baba fand das sehr wichtig.

»Glaubst du, daß jeder Tag ein Geschenk ist?« fragte er mich.

»Na ja...«

»Das habe ich mir gedacht. Das Lustige dabei ist, daß die meisten Menschen nach dem Leben gieren. Sie wollen mehr und mehr für sich selbst. Mit dieser Haltung ist das Leben aber weniger ein

Geschenk, sondern eher eine Beute, die man jemandem geraubt hat«, sagte Baba. »Damit du jeden Tag wie ein Geschenk erleben kannst, mußt du die innere Sicherheit haben, daß dir niemand dieses Geschenk wegnehmen kann. Das ist es doch, was ein Geschenk ausmacht – es gehört ganz und gar dir, ohne daß damit irgendwelche Auflagen verbunden wären. Das Leben scheint uns so viele Auflagen zu machen: Du mußt arbeiten und dich selbst beweisen; du mußt nach Liebe und Anerkennung streben, die du auch wieder verlieren kannst.

Alle diese Dinge existieren jedoch nur in deinem Geist. Für deine Seele ist das Leben nichts als ein Geschenk. Es ist immer frisch, es fließt jeden Tag aufs neue, wie das Wasser einer Quelle. Diese Haltung ist auch der Schlüssel zum Geben. Wenn du wirklich zu dir sagen kannst: ›Alles, was ich habe, kommt von Gott und kehrt auch wieder zu Gott zurück‹, dann kannst du anderen in dem Geist geben, in dem das Leben dir gegeben wurde.«

Beschließe heute, die Welt mit deinem Herzen und nicht mit deinem Kopf zu sehen. Damit du eine Ahnung davon bekommst, wie sich das anfühlt, stell dir vor, wie eine Mutter in bezug auf ihr Kind empfindet. Egal, auf wie viele Arten ihr Kind beschließt, schlimm zu sein, seine Mutter ist konstant in ihrer Liebe. Sie sieht ihr Kind mit dem Gewahrsein des Herzens. Du kannst das bei jeder beliebigen Person tun. Nimm während der nächsten zehn Minuten ihre Fehler einfach nicht wahr, und betrachte sie als vollkommen gut. Baba ließ keinen Zweifel daran, daß wir alle diese Übung praktizieren müssen, weil wir viel zu sehr unseren Kopf benutzen.

»Dein Kopf schreckt nicht davor zurück, dein Herz zu dominieren. Er erinnert dich tagtäglich daran, warum du auf Person A herabschauen sollst, warum du B gegenüber deinen Groll pflegen sollst und C nur ja nie verzeihen darfst. Er wird dir immer die Fehler und Unzulänglichkeiten zeigen, egal wohin du schaust. Das Herz tut das nicht. Es stellt eine einzige einfache Frage: ›Empfinde ich Liebe?‹ Wenn die Antwort ›Ja‹ ist, dann lebst du im echten Gewahrsein des Herzens. Ist die Antwort ›Nein‹, dann mußt du zu diesem Gewahrsein zurückfinden. Das spirituelle Leben läßt sich im wesentlichen darauf zurückführen, daß man der Liebe ihren zentralen Platz im Leben einräumt.

Inspiration

Laß dich heute von irgend etwas inspirieren. Erlaube dir selbst, den Moment eines echten »Aha!« zu erleben. Wenn möglich, betrachte das Werk eines Genies, zum Beispiel ein berühmtes Gemälde, oder höre eine Musik, die dir den Atem nimmt. Baba maß dieser Inspiration einen hohen Stellenwert bei, weil er sie auf die Seele zurückführte.

»Inspiration sollte nicht etwas Mechanisches sein; du kannst sie nicht wie durchs Umlegen eines Schalters erreichen«, sagte er. »Deine Seele weiß, wann du Inspiration brauchst. Das Wort selbst bedeutet: Geist einbringen. Wann ist für dich Zeit, dich mit Geist zu erfüllen? Wer könnte das sagen? Es kann in fünf Sekunden sein oder heute abend, wenn du den Sonnenuntergang siehst, oder morgen, wenn dich ein Baby im Park anlacht.

Aber sei dir immer einer Sache bewußt: Inspiration ist nichts Beliebiges. Deine Seele benutzt sie, um zu dir durchzudringen, um dir eine Botschaft zu senden. Der Sonnenuntergang hat mit dir zu tun, genauso wie das Baby im Park. Inspiration ist nicht nur großen Taten und großen Kunstwerken vorbehalten. Sei achtsam, schätze dein Leben und alle, die es mit dir teilen, und schenke dir selbst eine Vision. Sind diese Voraussetzungen da, dann steht das Tor zur Inspiration immer offen.«

Gerechtigkeit

Sei heute gegenüber einem Menschen fair, der es wirklich braucht. Gerechtigkeit ist faires Verhalten, und das Gegenteil von Gerechtigkeit ist unfaires Verhalten in allen seinen Formen. Eine ungerechte Behandlung verwandelt Menschen in Opfer, und genau das will die Seele nicht. Es ist nur fair, wenn dir jemand die Wahrheit sagt. Es ist fair, als gleichgestellt angesehen zu werden. Es ist fair, an den guten Dingen dieser Welt teilzuhaben.

Wenn du jemanden kennst, der von dieser Gerechtigkeit ausgeschlossen ist, dann unternimm etwas, um die Situation wieder ins Lot zu bringen. Teile deine Zeit, dein Geld, dein Essen, oder respektiere ganz einfach jemanden, der diese Dinge nicht hat. Dann tust du genau das, was du dir von Gott erhoffst.

Baba fragte mich einmal: »Hast du schon gehört, daß Leute sagen, das Leben sei unfair?«

»Ja, dauernd«, sagte ich.

»Aber sie sagen auch, daß Gott gerecht ist. Was stimmt denn nun eigentlich? Einige spirituelle Fragen machen einen großen Unterschied, und das ist eine solche Frage. Entweder das Leben ist unfair, oder Gott ist gerecht.«

»Ich glaube, die Menschen hoffen, daß Gott gerecht ist, aber niemand kann es beweisen. Aber jeder sieht, daß das Leben ungerecht ist«, sagte ich.

»Ich nicht«, sagte Baba. »Niemand hat mir je ein Regelwerk gegeben. Soweit ich weiß, kann Gott kosmische Gerechtigkeit walten lassen, aber ich habe keine kosmischen Augen, also werde ich es nie wissen. Aber eines weiß ich: Manchmal sagt das Leben ja zu mir, und manchmal sagt es nein. Wenn du genau hinschaust, dann ist es doch so, daß die meisten Leute denken, das Leben sei ungerecht, weil sie ein Nein bekommen haben, während sie sich ein Ja erwartet hatten.

Wenn du das Leben dazu bringen könntest, öfter ja zu sagen, würdest du glauben, es herrsche Gerechtigkeit im Universum. Ein Ja zu erhoffen, ist ganz normal. Es ist genau das, was deine Seele erreichen möchte. Ich habe dir verschiedene Möglichkeiten gezeigt, wie man aus der Seele heraus leben kann. Sobald du das tust, wird das Leben beginnen, sich wesentlich gerechter anzufühlen.«

»Aber ich werde nach wie vor mit anschauen müssen, wie anderen Menschen schreckliche Dinge passieren«, sagte ich.

»Alles, was du in der Welt siehst, spiegelt das Potential für Gut und Böse wider, das du in dir trägst«, sagte Baba. »Löse die Frage, ob das Leben gerecht ist. Geh so tief, wie du kannst. Hör nie auf zu fragen, wie der göttliche Plan dahinter aussieht. Du wirst nie eine vollkommene Antwort finden, aber Schicht um Schicht wirst du erkennen, daß Gott keine ungerechte Welt geschaffen hat. Er schuf eine Welt, in der sich alle Möglichkeiten entfalten können, inklusive Triumph und Tragödie, genau wie in unserem Herzen.«

Nimm dir heute einen Moment Zeit, um Güte zu zeigen. Behandle jemanden besser, als du es für gewöhnlich tust, zeige Verständnis für die Gefühle eines Menschen, dem man eine Verletzung zugefügt hat; verbringe ein bißchen Zeit mit einem Kranken oder einem Einzelgänger in deiner Schule, der nach einem netten Wort lechzt, aber es nur selten zu hören bekommt. Baba wußte, wie schwierig es sein kann, Güte zu zeigen, auch Menschen gegenüber, die wir lieben.

»Warst du deinem kleinen Bruder gegenüber je gemein?« fragte er mich.

»Er jedenfalls glaubt es«, antwortete ich und hoffte insgeheim, der Frage aus dem Weg gehen zu können.

»Es ist seltsam, wie gemein wir unseresgleichen gegenüber sein können, sogar den allernächsten Angehörigen gegenüber«, sagte er. »Stell dir vor, du hast nicht einen kleinen Bruder, sondern einen Zwillingsbruder, und nehmen wir an, dieser Zwillingsbruder ist so perfekt, daß er alles für dich tut. Würdest du immer lieb und freundlich zu ihm sein?« fragte Baba.

»Wir würden trotzdem hin und wieder streiten«, sagte ich.

»Ja, je näher wir einander stehen, desto eher sehen wir die Fehler in den anderen«, sagte Baba. »Aber wenn du nicht einmal deinem vollkommenen Zwillingsbruder gegenüber gütig sein kannst, wie solltest du dann irgend jemand anderem gegenüber gütig sein?«

»Weil du dich gerade so fühlst«, sagte ich.

»Gefühle sind trügerisch. Sie neigen dazu, ins Negative umzuschlagen, wenn wir nicht hinschauen«, sagte Baba. »Deine Seele hat einen besseren Grund. Höre auf, nach Mängeln zu suchen, dann stellt sich Güte viel leichter ein. Du hast immer die Wahl. Wir verbringen eine Menge Zeit damit, unsere eigenen Fehler zu übersehen. Verbring nur einen Bruchteil dieser Zeit damit, die Fehler eines anderen zu übersehen, und bald wirst du bemerken, daß andere Menschen genau die gleiche Güte verdienen, die du von ihnen dir gegenüber erwartest. In dem Augenblick, in dem du erkennst, daß diese Güte *verdient* ist, wirst du niemandem gegenüber mehr gemein sein.«

Nimm dir heute Zeit, jemanden zu mögen, den du bereits liebst. Das klingt seltsam, oder? Die meisten Menschen, die wir lieben, sind Mitglieder unserer Familie. Die Liebe, die wir für sie empfinden, ist Teil unseres Daseins, während jemanden mögen etwas ganz anderes ist. Baba erklärte mir das.

»Warum höre ich Leute sagen ›Ich liebe dich, aber ich mag dich nicht‹?« fragte er.

»Ich weiß nicht. Es wirkt sehr eigenartig, wenn das jemand sagt«, antwortete ich.

»Weil gleichzeitig zwei unterschiedliche Botschaften ausgesandt werden«, sagte Baba. »Ich liebe dich, aber du hast mir etwas Böses angetan. Es ist schwer, jemanden zu mögen, der nicht tut, was einem gefällt. Wenn dich ein Freund eifersüchtig oder wütend macht, dann ist von Mögen schnell keine Rede mehr.«

»Bis du wieder drüber hinweg bist«, sagte ich.

»Deine Seele kennt aber einen anderen Weg«, sagte Baba. »Es existiert ein Ort in dir, der nie verletzt wurde und auch nie verletzt werden wird. Wenn du im Bett liegst, kannst du manchmal eine Sanftheit in deinem Herzen spüren, ein Gefühl der

Zugehörigkeit, das dir niemand wegnehmen kann. Du brauchst nicht zu kämpfen, um dieses Gefühl zu finden, du mußt es nur entdecken. Sobald du es entdeckt hast, stellen Lieben und Mögen kein Problem mehr dar, weil deine Freunde nicht mehr so handeln müssen, wie du es willst, damit du sie magst. Und diejenigen, die du liebst, werden ›mögenswerter‹ sein, weil du nicht mehr sagst: ›Ich mag dich nur, wenn du nett zu mir bist.‹«

Musik der Natur

Gehe heute hinaus, und entdecke die Musik der Natur. Manche Menschen sagen, Gott wollte, nachdem er die Welt erschaffen hatte, sein Werk signieren, so wie ein Maler sein Gemälde signiert. So ließ er zwei Dinge zurück, um uns an den Himmel zu erinnern: Wasserfälle und Regenbogen. Mir gefällt diese Vorstellung, aber Baba ging noch ein bißchen weiter.

»Weißt du, daß es eine Art von Musik gibt, die du sehen kannst?« fragte Baba. Ich schüttelte den Kopf. »Es ist die Musik der Natur. Geh einmal hinaus, und versuche, sie zu sehen.«

»Wie soll das gehen?«

»Laß zuerst einen schönen Klang an deine Ohren dringen, zum Beispiel das Gezwitscher der Vögel oder das Rauschen eines Baches«, sagte Baba. »Dann öffne deine Augen und nimm den Anblick in dich auf. Konzentriere dich nicht auf den Klang oder auf das, was du siehst, sondern laß beides verschmelzen. Stell dir vor, deine Fähigkeit, zu sehen, wird immer größer, während du die Bäume, die Wolken, den Himmel in dich aufnimmst. Alles ist mit allem verbunden, so wie an einem vollkommenen Tag alles stimmig zu sein scheint. Diese Harmonie ist die Musik der Natur. Es ist nicht ein einziges Ding, egal, wie schön es auch sein mag. Es ist die Schönheit dieser Einheit. Wenn die Engel wirklich für Gott musizieren, dann spielen sie genau das: ein ewiges Lied, das diese Einheit preist.«

Negativität

Widerstehe heute der Versuchung der Negativität. Es ist negativ, zu kritisieren, jemand anderen zu beschuldigen, Perfektion zu verlangen, jemanden als unterlegen oder nicht gleichwertig zu behandeln.

Wie oft hast du schon miterlebt, daß jemand diese Verhaltensweise rechtfertigt? Mache einen Tag lang ein Experiment: Schau, wie du dich fühlst, wenn du einen Tag lang niemanden kritisierst, niemanden beschuldigst und niemanden als minderwertiger behandelst. Da warten einige Überraschungen auf dich: Du wirst zum Beispiel bemerken, wie oft Menschen negativ sind, ohne sich dessen überhaupt bewußt zu sein, und wie gut es sich anfühlt, wenn man es schafft, einen Tag lang keinen einzigen Menschen runterzumachen.

»Jede Negativität basiert auf dem Wort *nein*«, sagte mir Baba. »Wenn du nein sagst, verhinderst du, daß das Leben dorthin fließt, wo es hinfließen will. Dein Nein blockiert dieses Fließen.«

»Manchmal muß man aber nein sagen.«

»Wir sprechen nicht davon, daß du nein sagst, wenn du etwas siehst, was nicht in Ordnung ist«, antwortete er. »Wenn ein kleines Kind dem Feuer zu nahe kommt, dann ist das Nein eine Möglichkeit, es vor Schaden zu bewahren. Aber auf jede derartige Situation kommen hundert andere, in denen Menschen nein sagen, obwohl sie eigentlich ja sagen könnten. Hier liegt ein tieferes Rätsel verborgen, als sie ahnen.

Das Leben ist immer positiv. Seine Kraft bringt Wachstum hervor. Wenn du also ja sagst, nutzt du die Kraft des Wachstums, während ein Nein die Dinge schrumpfen läßt und das Wachstum behindert.«

Ich schüttelte den Kopf. »Ich verstehe noch immer nicht, wie ich immer ja sagen soll.«

»Worte sind nebensächlich«, meinte Baba. »Worum es geht, ist, daß wir es zulassen. Entweder du erlaubst es dem Leben, sich zu entfalten, oder du tust es nicht. Wenn du versuchst, jemanden zu etwas zu zwingen, wenn du manipulierst und kontrollierst, wenn du bettelst und jammerst, dann sind das Zeichen dafür, daß du dem Leben nicht zutraust, daß es sich entfaltet. Du willst ständig eingreifen. Jedes Mal, wenn du dich vollkommen allein gelassen fühlst und nur für dich selbst kämpfst, ist irgendeine Form von Negativität am Werk. Deine Seele würde dich nie allein lassen, sie bietet dir immer die Unterstützung des Lebens mit all seiner unendlichen Kraft an.

Es braucht Zeit, bis wir lernen, etwas zuzulassen. Sei auf der Hut, wenn du die Versuchung verspürst, nein zu sagen. Frag dich selbst: ›Kann sich diese Situation positiv entwickeln, wenn ich es einfach zulasse?‹ Je mehr du dem Geist erlaubst, die Probleme zu lösen, desto eher kannst du die Kraft nutzen, die im Herzen des Lebens liegt.«

Offenheit

Sei heute offen für eine neue Gelegenheit. Es ist leicht, den Geist zu verschließen, aber schwer, ihn zu öffnen. Doch deine Seele will, daß du dich jeden Tag ein bißchen mehr öffnest.

»Gott läßt sich gerne überraschen«, sagte Baba. »Als er die Welt erschuf, sagte er als allererstes: Hoffen wir, daß es funktioniert.«

»Das ist ein Witz, oder?« fragte ich.

»Es könnte auch ein weiser Ausspruch sein«, sagte Baba. »Wasser kann nicht durch ein verstopftes Rohr fließen. Du bist das Rohr, durch welches das Leben fließt. Wenn du mehr vom Leben willst, dann sei offener – offen für neue Erfahrungen, offen für das, was andere denken, für das Unbekannte, das um die Ecke wartet. Manche Menschen sind stolz darauf, zu wissen, was sie wissen. Das sollten sie aber nicht sein. Je mehr du *nicht* weißt, desto eher siehst du das Geheimnis, das dich umgibt.«

Offen sein macht manchen Menschen angst, also versuchen sie, alles unter Kontrolle zu haben. Aber wenn du offen bist, wird das Leben wesentlich angenehmer. Du läßt zu, daß Dinge passieren, und du erlaubst anderen Menschen, sie selbst zu sein. »Ich will ich selbst sein« ist etwas, was jeder von uns sich wünscht. Heute kannst du einer Person helfen, sie selbst zu sein, indem du folgende Schritte befolgst:

Nimm eine entspannte Haltung ein. Zeige, daß du freundlich und entgegenkommend bist. Auch wenn du daran gewöhnt bist, daß Jungen einander herausfordern und aggressiv behandeln, um zu zeigen, daß sie zur Gruppe gehören – laß dieses Verhalten einmal beiseite.

Laß auch einmal dein Konkurrenzdenken beiseite. Statt dich mit anderen zu messen, suche dir einen ruhigen Ort, um darüber zu reden, was in deinem Leben passiert.

Hör zu. Schalte Fernseher und Computer aus. Schaffe die Bedingungen dafür, daß der andere sich öffnen kann, und richte deine Achtsamkeit dann auf das, was der andere sagen will. Wenn du zuhörst, bringst du die Menschen unmittelbar auf deine Seite. Du kannst das für dich aus-

probieren: Fühlst du dich nicht gleich viel mehr akzeptiert, wenn dir jemand ruhig zuhört? Heute kannst du dieses Gefühl einem anderen Menschen vermitteln.
Weihe den anderen in ein Geheimnis ein. Nichts vermag dem anderen besser zu zeigen, daß du ihm vertraust und dich ihm öffnest.
Sei ehrlich, aber nicht kritisch. Offenheit bedeutet, daß du nichts zurückhältst, daß du sagst, was dir am Herzen liegt. Aber negativ sein bewirkt Anspannung im anderen, und heute willst du genau das Gegenteil erreichen.

Das sind einfache Schritte, aber sie können eine fast magische Wirkung haben. Ohne ein Wort zu sagen, kannst du zum Beispiel allein durch deine Offenheit eine vollkommen neue Beziehung zu deiner Familie aufbauen. Alle werden sofort bemerken, daß du keine Bedrohung für sie darstellst. Und diese Schritte gelten nicht nur für jetzt. Sie werden dir auch während des Rests deines Lebens dienlich sein.

Stelle dir heute vor, daß du Vater oder Mutter bist. Suche dir einen Freund oder eine Freundin aus, und betrachte sie oder ihn, und zwar nicht so, wie du sie heute siehst, sondern so, wie sie in zehn Jahren sein könnten. Auf welche Art von Zukunft sollte dein Freund, deine Freundin deiner Meinung nach hinarbeiten? Hör dir an, was sie sagen, und frag dich selbst: »Was für ein Kind habe ich aufgezogen?« Bekommst du die Werte zu hören, die du gehofft hast zu hören? Versetz dich in die Lage von jemandem, der sich Sorgen darüber machen muß, wohin sein Freund am Abend geht und mit wem er oder sie unterwegs ist. Elternsein ist kein Job, sondern ein Geisteszustand. Wenn du beginnst, einen anderen Menschen mit den Augen eines Vaters oder einer Mutter zu sehen, dann bekommst du eine Ahnung von der Sichtweise Gottes.

»Wen hättest du am liebsten als Vater?« fragte Baba. »Deinen eigenen Vater oder Gott?«

»Keine Frage: Ich würde mich für meinen Vater entscheiden«, sagte ich.

»Warum?«

»Gott weiß alles, was ich tue. Er sieht jeden

schlechten Gedanken. Da gibt es nicht viel Freiraum.«

»Aber gilt Gott denn nicht als vollkommen?« fragte Baba lächelnd. »Warum brauchst du dann noch einen Freiraum?«

»Vollkommene Geschöpfe machen eine Menge Streß. Ich glaube nicht, daß ich in der Gegenwart von Gott noch atmen könnte«, sagte ich.

»Na gut. Eltern machen sich auch Sorgen darüber, ob sie vollkommen sind oder nicht. Sie versuchen, so gerecht zu sein, wie Liebe nur sein kann. Aber in Wirklichkeit tut das Gott auch. Deine Seele macht keinen Druck. Sie weiß, wo du sensibel reagierst oder gehemmt bist, und sie erlaubt dir auch, deine Geheimnisse so lange für dich zu behalten, wie du willst.«

Wenn du die Dinge auf diese Art und Weise siehst, wird es dir viel leichter fallen, zu verstehen, warum deine Eltern so sind, wie sie sind. Sie entsprechen dem, was du nach dem Willen deiner Seele hören solltest.

Beginne, deine Eltern vom spirituellen Standpunkt her wahrzunehmen, wann immer du in Versuchung gerätst, dich auf eine Auseinandersetzung mit ihnen einzulassen. Betrachte sie als zwei

Seelen, die mit deiner eigenen Seele zusammenarbeiten. Dann wirst du eines Tages erkennen können, daß auch du sie vieles gelehrt hast. Jedes Kind ist auf dem Niveau der Seele auch ein Vater oder eine Mutter.

Fragen stellen

Tu heute zwei Dinge, die wie Gegensätze klingen: Stell dir eine neue Frage, und beantworte eine alte. Die neue Frage ist leicht zu finden. Nimm ein Buch über die Natur des Menschen, vielleicht einen Roman oder ein Buch über Psychologie oder Beziehungen. Suche einen Abschnitt, in dem es um zwei Menschen geht, die in Konflikt zueinander stehen, zum Beispiel ein Paar, das streitet. Frag dich selbst: »Auf welcher Seite würde ich stehen, wenn ich diesen Streit schlichten müßte?« Dann nimm den Standpunkt der anderen Seite ein und frag, warum sie recht hat. Dieses Fragenstellen hält deinen Geist wach und konzentriert.

Aber der Geist muß auch Fragen entscheiden können. Nimm also eine Frage, für die niemand eine Antwort zu haben scheint: Gibt es einen

Gott? Existiert Satan? Was geschieht nach unserem Tod? Beantworte die Frage für dich, und beobachte, was geschieht. In dem Moment, in dem du eine Frage beantwortest, tun sich dem Geist viele neue Möglichkeiten auf. Es ist eine Art umgekehrter Psychologie, weil sich in dem Moment, in dem du sicher bist, etwas zu wissen, immer wieder eine kleine innere Stimme einmischen muß: ›Vielleicht stimmt das, aber was ist mit X?‹ Baba lehrte mich, beide Seiten des Fragestellens zu respektieren.

»Die Leute sagen, du sollst nie aufhören, Fragen zu stellen, aber ich glaube das nicht ganz«, sagte er. »Du solltest auch die Antworten akzeptieren.«

»Mir ist nicht klar, wie das zusammengehen kann«, sagte ich.

»Das geht aber zusammen, sobald du verstehst, daß Fragen nicht dazu gedacht sind, nie beantwortet zu werden. Wenn jemand sein Leben lang damit verbringt, Gott zu suchen, ohne ihn zu finden, dann wäre das eine schreckliche Verschwendung.«

»Das passiert aber ständig«, warf ich ein.

»Das Problem ist der Zweifel«, sagte Baba. »Zweifel führt nicht zu Antworten; er nährt nur noch mehr Zweifel. Viele Menschen würden gerne wissen, daß Gott real ist, aber sie sind nicht bereit, ihre Zweifel aufzugeben. Sie ziehen es vor, sie so lange aufrechtzuerhalten, bis Gott ihnen ein Zeichen gibt.«

»Wie kann man das überwinden?« fragte ich. »Ihr Zweifel ist ja sehr real.«

»Sieh zu, daß sich eine Frage nach der anderen auftut«, meinte Baba. »Wenn du einen besten Freund hast, muß er dir das ja auch nicht jedes Mal beweisen, wenn ihr euch seht. Du aber schickst Gott an den Start zurück, wenn irgend etwas schiefgeht.

Sei also anerkennender. Wenn du Grund genug hast zu glauben, daß das Leben gut ist, dann glaub daran, und stell es nicht ständig wieder in Frage. Der nächste Grund, den du finden kannst, wird noch überzeugender sein. Wenn wir jedes Mal wieder in unsere Zweifel verfallen, dann verwandelt sich unser Leben in eine einzige große Frage. Konzentriere dich auf die Antworten. Sie tauchen die ganze Zeit in Form von kleinen Hinweisen und Winken auf.«

Ich habe versucht, auf diese Art und Weise zu leben, aber ein kleiner Zweifel kommt immer wieder an die Oberfläche, also spreche ich ihn hier an.

Ich habe Hunderte von Menschen getroffen, die nicht an einen persönlichen Gott glauben. Einige verwenden den Begriff *Geist*, und sie beten zum Universum, so wie andere zu Gott beten. Allen von ihnen ist aber der Glaube an einen höheren Sinn gemeinsam. Sie sind nicht willig, sich mit einer Welt ohne Geist abzufinden.

Deswegen habe ich aufgehört, zu sagen »Ich suche nach Gott«. Ich sage auch nicht sehr oft »Ich glaube an Gott« oder »Es gibt einen Gott«. Um die Wahrheit über die Liebe, den Glauben oder die Seele zu erkennen, müssen wir zuerst Vertrauen in kleine Antworten fassen. Laß sie wachsen, statt sie gleich zu Anfang unter deinen Zweifeln zu begraben. Dann können ganz erstaunliche Dinge passieren. Du kannst eines Tages aufwachen und entdecken, daß alles wahr ist, wofür Gott steht. Gott ist wahr, egal welchen Namen du ihm gibst oder nicht gibst.

Versuche heute, jemandem eine Antwort zu geben, statt auf ihn zu reagieren. Zwischen diesen beiden Haltungen besteht ein großer Unterschied: Reaktionen kommen automatisch; Antworten verlangen nach ein bißchen Nachdenken. Meistens kommen wir im Leben zurecht, indem wir lediglich reagieren. Willst du einen Salat oder einen Hamburger zu Mittag? *Hamburger.* Hast du Zeit für ein Videospiel? *Klar.* Wann machst du deine Hausaufgaben? *Später.* Wenn wir reagieren, ist es, als würden wir eine Münze in einen Automaten einwerfen und sofort die Antwort bekommen.

Alle diese Fragen hätten aber auch zu einer echten Antwort führen können. Willst du einen Salat oder einen Hamburger zu Mittag? *An was für einen Salat dachtest du?* Hast du Zeit für ein Videospiel? *Gibt es nichts Neues, was wir tun könnten?* Wann machst du deine Hausaufgaben? *Sobald ich Ruhe habe und nachdenken kann.* Merkst du den Unterschied? Diese Antworten kommen nicht so mechanisch wie Reaktionen, und sie sind auch nicht so automatisch da wie Reaktionen.

Gewöhne dir ab heute an, zu antworten, statt zu

reagieren. Du mußt dich gar nicht besonders anstrengen – halte einfach kurz inne, und warte, ob sich eine neue Antwort zeigen will. Du bekommst zuerst die Reaktion, weil sie automatisch auftaucht, ohne daß du dafür denken mußt. Aber es wird sich etwas Neues zeigen, wenn du abwartest und dir selbst Raum zum Nachdenken gibst. Die tiefsten Antworten kommen aus der Seele. Ein spirituelles Leben stellt sich nie automatisch ein. Wenn wir also eine Pause einlegen, um erkennen zu können, was wirklich in uns ist, dann stellen wir eine Verbindung zum Geist her, mit all seinen unsichtbaren Geschenken.

Sehen

Übe dich heute in der Kunst des Sehens. Jeder kann sehen, aber wirklich *zu sehen* ist eine Kunst. Ich bin sicher, daß du jeden Tag eine Blume siehst. Aber wenn du dich in der Kunst des Sehens übst, dann sieht ein Gänseblümchen so aus: Es hat eine wirbelförmige gelbe Mitte, wie ein Feuerrad. Genau dieselbe Windung taucht auch in der Schale des Perlboots auf, das tief im Meer lebt. Oder auch in der DNA deiner Zellen und in Sternenwirbeln der Galaxien, die Milliarden von Lichtjahren von uns entfernt sind. Wenn du also ein Gänseblümchen wirklich siehst, dann siehst du von hier bis in die Unendlichkeit, vom winzigsten Materieteilchen bis in die Weiten des Universums.

»Ich habe dich eine neue Art und Weise des Sehens gelehrt«, sagte Baba. »Aber in Wirklichkeit ist es die ewige Art zu sehen. In jedem noch so kleinen Teil der Schöpfung liegt die gesamte Geschichte des Universums verborgen. Und jenseits jedes Teilchen liegt der reine Raum, der die Essenz enthält, das wahre Du.«

Sehen ist eine Kunst, mit der du überall beginnen kannst und immer beim Geist endest. Das ist mit »Sehen mit den Augen der Seele« gemeint.

Es

Geh heute auf die Jagd nach einer legendären Kreatur, die ›es‹ heißt. Sie hat keinen eigenen Namen, und trotzdem sind die Menschen sicher, sie gesehen zu haben. Dieses Es ist der Freudenstrahl in den Augen eines Menschen, den du liebst. Dieses

Es ist die Art und Weise, wie dein Herz sich über das offene Wasser überm Meer aufschwingt. Dieses Es ist der Freudenschauer, der dich durchfährt, wenn du auf einem Berggipfel stehst oder träumst, du könntest fliegen, oder wenn du auf einer Wiese liegst und für den Bruchteil einer Sekunde weißt, daß du die Wolken berühren kannst.

Aber das Es ist schwer zu erfassen, weil es sich nirgends lange aufhält und immer in Bewegung ist. Jedes Mal, wenn du glaubst, du hättest es endlich erwischt, erkennst du, daß es bereits vor fünf Sekunden entschwunden ist. Aber trotzdem hören die Menschen nie auf, dieses Es zu suchen. Wenn du seine Gegenwart einmal erlebt hast, vergißt du sie nie mehr. Deshalb behaupten manche Menschen, das Es müsse Gott sein.

Einssein

Mache heute einen Schritt in Richtung Einheit. Einheit ist dann erreicht, wenn du keine Unterschiede mehr erkennst, sondern dich vollkommen eins mit allem fühlst. Eins mit dir selbst zu sein ist das Ziel des Lebens. Aber heute mußt du nur einen ersten kleinen Schritt in diese Richtung machen. Wie geht das? Indem du das Spiel ›Wir gegen die anderen‹ aufgibst. Wir alle kennen dieses Spiel zur Genüge: Es spielt die eine Seite gegen die andere aus, nur um besser dazustehen als die andere.

»Jeder will sich besonders fühlen«, sagte Baba. »Deshalb ist es so verführerisch, zu behaupten, man sei besser als jemand anders, weil man älter oder intelligenter ist oder die interessanteren Freunde hat oder sich besser in Szene setzen kann.

Aber dieses Spiel macht niemanden so richtig glücklich. Du mußt dabei immer Angst haben, daß sich das Blatt wendet. Was tust du, wenn ›die anderen‹ die Seite ist, die die Macht bekommt oder überlegen wird? Was tust du, wenn ›Wir gegen die anderen‹ nicht mehr nur ein Spiel ist, sondern echter Krieg wird?«

Das Spiel ›Wir gegen die anderen‹ beginnt ganz harmlos. Du beginnst Vergleiche anzustellen: ›Sind meine Kleider genauso hübsch wie ihre? Kann ich genauso viel Gewicht heben wie er? Habe ich einen schlechten Dreier, während mein Freund einen guten Zweier bekommen hat?‹ Du bist nachtragend, wenn du dabei auf der Verliererseite stehst, aber es bringt auch nichts, auf der Gewinnerseite zu stehen, denn du kannst nicht immer besser als die anderen sein. Es zahlt sich also aus, dieses Spiel aufzugeben – du gewinnst, indem du nicht mehr mitmachst.

»Wenn du dieses Glück des Einsseins empfinden möchtest«, sagte Baba, »dann hör auf, dich immer mit anderen zu vergleichen. Das Spiel ›Wir gegen die anderen‹ macht die Unterschiede nur noch schlimmer. Auf geistigem Niveau gibt es ein Geheimnis, das die Menschen nicht sehen wollen: Wir und die anderen sind gleich. Sobald du das erkennst, verschwindet die Angst, zu verlieren. Der große Preis bei ›Wir gegen die anderen‹ besteht darin, sich eine Zeitlang großartig fühlen zu können. Der große Preis im Spiel des Einsseins besteht darin, daß jeder sich für immer besonders fühlen kann.«

Stimme der Stille

Lausche heute der Stimme der Stille. Du weißt bereits, wie du allen möglichen Stimmen zuhören kannst (und wie du sie ausblenden kannst). Diese

Stimme aber ist anders, weil sie dem am nächsten kommt, was wir von Gott hören können. Der Geist braucht keine Worte. Er kann dir auf andere Art und Weise helfen:

Der Geist kann dir die Sicherheit vermitteln, daß du etwas weißt. Das wird Intuition genannt.

Der Geist kann das Denken zur Ruhe bringen. Das wird Frieden genannt.

Der Geist kann verhindern, daß dich das Chaos rund um dich belastet und überwältigt. Das wird innerer Abstand genannt.

Der Geist kann Selbstzweifel aus dem Weg räumen. Das wird Zentriertsein genannt.

Alle diese Geschenke stammen von der Stimme der Stille. Du kannst sie dir nicht erarbeiten, du kannst ihnen nicht nachlaufen, sie herdenken oder erfinden. Der Schlüssel dazu ist, daß du dich entspannst, nach innen schaust und dich mit dieser Stille anfreundest. Nimm dir heute ein bißchen Zeit, das einmal zu versuchen. Unser Denken ist so aktiv und geschäftig, also wirst du zuerst diese Geschäftigkeit bemerken. Aber das ist nur die Oberfläche. Auf einer tieferen Ebene genießt es das Denken, zur Ruhe kommen zu können. Erinnere dich daran, wie beruhigend die Momente vor dem Einschlafen oder direkt nach dem Aufwachen am Morgen sind. In diesen Augenblicken spricht die Stimme der Stille sehr deutlich zu uns, und du kannst sie bitten, jederzeit, wann du es willst, so zu dir zu sprechen. Irgendwann ist sie dann die Stimme, der du mehr vertraust als allen anderen.

Reichtum

Mach dich heute selbst reich: An einem Tag kannst du dir zwar keinen Haufen Geld verschaffen, aber das ist auch nicht das Geheimnis von Reichtum. Solange du am Fluß natürlicher Reichtümer teilhaben kannst, bist du reich, und zwar nicht morgen oder nächstes Jahr, sondern in diesem Augenblick. Dein Reichtum zeigt sich in Form eines neuen Lebens, neuer Ideen, neuer Gründe, sich zu freuen, neuer Möglichkeiten, deine Wünsche zu erfüllen. Der Plan Gottes ist immer auf größeren Reichtum und nicht auf Mangel gerichtet.

Wann immer du das Gefühl hast, es fehle dir etwas, dann schau dich um. Die Natur bietet so viel, egal, wohin du schaust – in jedem Samen liegt die Verheißung eines ganzen Waldes, im befruchteten Ei im Bauch einer Mutter liegt die Verheißung von Milliarden von Zellen, die heute deinen Körper bilden. Dieser Überfluß hat mit dem ersten Moment des großen Knalls begonnen und war noch nie ins Stocken geraten. Die Schöpfung existiert jetzt, und das gilt auch für Reichtum.

»Ich bin reich«, sagte mir Baba. »Tatsächlich bin ich der reichste Mensch, den ich je getroffen habe.«

Ich mußte lachen. »Baba, du besitzt doch keinen Cent. Du hast etwas zu essen, weil dich jeden Abend jemand einlädt. Du trägst deine Kleider, bis sie vollkommen abgetragen sind. Ich glaube nicht, daß du überhaupt Geld besitzt.«

»Aber irgendwie hat das Universum alle Bedürfnisse, die ich je hatte, erfüllt«, sagte Baba. »Du bist der reichste Mann auf der Welt, wenn du genug Geld hast, um tun zu können, was du *gerade jetzt* tun mußt.«

Ich fragte mich, ob ich je den Mut aufbrächte, um Babas Theorie auf die Probe zu stellen. Ich habe sie aber genau genug geprüft, um zu wissen, daß der Geist keinen Unterschied zwischen einem Cent und einer Milliarde Dollar macht. Er gibt, je nachdem, welche Bedürfnisse befriedigt werden müssen. Deine Bedürfnisse zu befriedigen sollte so einfach sein, wie einen Eimer unter fließendes Wasser zu halten. Aber der Fluß ist unterbrochen, durch Angst, Verkrampfung, Selbstzweifel und Verwirrung. Jedes Mal, wenn es dir gelingt, einen Teil dieser Blockade aus dem Weg zu räumen, fließt der Reichtum des Geistes ein bißchen mehr.

Das Wichtigste ist, daß du dich nicht ans Geld klammerst, als hättest du wahren Reichtum gefunden. Ein Mensch, der Geld hortet, sagt: »Ich vertraue nicht auf den Fluß des Reichtums. Es gibt nur begrenzten Reichtum, und ich muß meinen Anteil vor den anderen sicherstellen.« Wärst du nicht lieber jemand, der sagt: »Ich nehme ein Bedürfnis wahr, das ich erfüllen kann. Ich vertraue darauf, daß mir alles aus der Quelle zufließt.« Der Geist Gottes ist unendlich ideenreich, und jede Idee nimmt Gestalt an. Jetzt, in diesem Augenblick, nimmst du in seinem Geist Gestalt an, und was immer du brauchst, wird sich einstellen, während du wächst.

Heute überlaß dich ganz dem X-Faktor, der für das Unbekannte steht. Viele Menschen haben Angst vor dem Unbekannten. Sie essen das gleiche Essen wie gestern, sie gehen mit denselben Freunden aus, sehen die gleichen Shows und spielen die gleichen Spiele. In ihrem Inneren denken sie auch die gleichen Gedanken – ein Psychologe schätzte einmal, daß 90 Prozent der Gedanken, die du heute gedacht hast, Gedanken sind, die du schon gestern gedacht hast. Die Schöpfung wäre unendlich langweilig, wenn auch die Natur so funktionieren würde. Deswegen wurde der Faktor X in die Schöpfung eingebaut. Er ist der kreative Faktor, etwas, was du nicht voraussagen kannst.

»Möchtest du ein aufregendes Leben führen?« fragte mich Baba.

»Natürlich!«

»Dann findest du hier die Anleitung dafür«, sagte er. »Wenn du morgen früh aufwachst, dann sag deiner Seele: ›Laß heute etwas Unvorhersehbares geschehen.‹ Wenn du dieses Gebet gesprochen hast, vergiß es gleich wieder; laß deinen Geist dir etwas vollkommen Unerwartetes bescheren.«

Ich folgte seinem Rat (und lehrte meine eigenen Kinder dieses Gebet), denn immer, wenn die Dinge nicht wie geplant liefen, konnte ich mir sagen: »Gott hat mein Gebet erhört, in Ordnung. Er gab mir etwas, was ich nie im Leben erwartet hätte.«

Es gibt keine bessere Methode, um die Angst vor dem Unbekannten zu überwinden. Dieser X-Faktor ist die schöpferischste Kraft im Universum. Du wirst nie wissen, was als nächstes kommt, aber du kannst sicher sein, daß eine Überraschung auf dich wartet.

Du

Nimm dir heute Zeit für dein wahres Du. Das andere Du ist daran gewöhnt, so viel Aufmerksamkeit zu bekommen, daß es nie aufhört, nach mehr zu verlangen. Aber das wahre Du verlangt gar nichts. Es ist das stille Du, das sich darüber freut, daß es es selbst sein kann, das niemanden braucht und vor nichts Angst hat. Der Grund, warum es nicht für sich selbst eintritt, liegt darin, daß es über eine Menge Geduld verfügt. Das wahre Du ist der, der du sein willst, wenn du alle anderen

Modelle ausprobiert hast, die die anderen Leute für dich vorgesehen hatten.

Das erinnert mich an eine alte Fabel. Ein Mann und seine Frau gingen gemeinsam mit ihrem kleinen Sohn und einem Esel die Straße entlang. Als die anderen sie sahen, sagten manche von ihnen: »Mistkerl! Du besitzt einen Esel, aber läßt deine arme Familie zu Fuß gehen?«

So setzte der Mann seinen Sohn auf den Esel und ging ein Stück weiter. Als die anderen sie sahen, sagten manche: »Idiot! Du besitzt einen kräftigen Esel, und alles, was du ihn tragen läßt, ist dein kleiner Sohn?«

So setzte der Mann auch seine Frau auf den Esel und ging ein bißchen weiter. Als die anderen sie sahen, sagten manche: »Du Schwächling! Du läßt deine Frau reiten, während du selbst zu Fuß gehen mußt!«

So kletterte auch er auf den Esel, der nach Hause wankte und bald danach an Erschöpfung starb.

Die Moral der Geschichte ist, daß wir nicht um des Lobes der anderen willen leben sollen. Das wahre Du ist hier, um das Geheimnis des Lebens zu finden, und nicht, um die Meinungen irgendwelcher Menschen zu bestätigen. Setz dich heute ruhig hin, schließe deine Augen, und beginne, deinen inneren Freund kennenzulernen, der dich nie im Stich lassen wird.

Null

Heute feierst du etwas, was gar nicht da ist. Stecke eine Kerze in ein Stück Kuchen, und gönne dir eine Extrakugel Eiscreme. Du dankst für nichts, für null, für etwas, was gar nicht da ist, weil dieses Nichts das ist, woher all die unsichtbaren Dinge stammen.

»Null war immer die Zahl Gottes«, sagte Baba, »denn wenn du null und null addierst oder null durch null dividierst oder sogar eine unendliche Anzahl von Nullen zur ersten Null dazuzählst, bleibt das Ergebnis doch immer null. Genauso verhält es sich mit Gott. Du kannst Gott nicht addieren, subtrahieren, multiplizieren oder dividieren, ohne daß die Summe wieder null wäre.«

Wann immer du das Gefühl hast, daß deine Chance null ist, erinnere dich daran, daß du in Wirklichkeit eine unendlich große Chance hast.

Null ist nicht ein Endpunkt, sondern der Ausgangspunkt. Es ist die Leere, die das ganze Universum entstehen ließ. Und wenn du dich eines Tages so niedergeschlagen fühlst, daß du versuchst bist zu sagen: »Ich bin eine Null«, dann halte inne, und mach dir folgendes bewußt: Du hast recht, wenn du dich als ›Nicht-Ding‹ siehst, weil du ja Geist bist. Wenn du ›Nicht-Ding‹ bist, dann bringt dich das in die Nähe von Gott, und wenn du nichts hast, verfügst du über unendliche Möglichkeiten, die nur darauf warten, Gestalt anzunehmen.

Das letzte Wort

Der vierte Tag, den ich mit Baba verbrachte, sollte sich als der letzte herausstellen. Er sagte mir nicht, daß mein Seelentraining vorbei war. Wir wußten beide, daß es gerade erst begonnen hatte. Aber er hatte einen letzten großen Trumpf im Ärmel.

Wir saßen unter dem alten, knorrigen Baum. Die Sonne stand tief, und alles war in goldenes Licht getaucht. Baba betrachtete einen Sonnenstrahl, der durch das dicke Laub des Baumes drang.

»Was starrst du so?« fragte ich.

»Ich möchte sehen, ob ich meine Aufgabe gut gemacht habe.«

Das war die letzte geheimnisvolle Aussage, die er mir gegenüber tat, und wie all die anderen machte sie mich neugierig. Also starrte ich ebenfalls den Sonnenstrahl an. Er hatte nichts Besonderes an sich. Wenn ich genauer hinschaute, konnte ich sehen, wie der Staub im Licht tanzte.

Aber als ich länger hinschaute, veränderte sich

etwas. Das Licht begann zu schimmern. Plötzlich erkannte ich etwas, was ich vorher nicht gewußt hatte: Das Licht *lebt*. Ich starrte weiter auf den Sonnenstrahl, und zum ersten Mal sah ich nicht das Licht – ich sah sein Inneres, sein geheimes Leben.

»Es sah glücklich aus«, sagte ich, weil ich keine anderen Worte finden konnte.

»Nicht nur glücklich«, meinte Baba. »Es ist voller Freude. Jedes Stückchen Schöpfung fühlt so. In jedem Staubkorn sind Welten enthalten, und diese Welt, in der du lebst, ist nur ein Staubkorn unter Millionen, die in die Schöpfung explodieren.«

Er hatte recht. Je genauer ich hinschaute, desto mehr schien es, als könnte die ganze Welt ein Staubteilchen sein, das von Gott zum Tanzen gebracht wird. Der Sonnenstrahl zitterte schneller und heller und strahlte vor Freude.

Wie hatte ich das nur übersehen können?

»Damit du das nicht mehr versäumst«, sagte Baba, »mußt du sicherstellen, daß du dich an diesen Augenblick erinnerst.« Er stand auf, als der Sonnenstrahl schwächer wurde. »Ich war nicht ganz schlecht, wenn du sehen kannst, was du heute gesehen hast. Und mach dir keine Sorgen, du wirst noch viel mehr sehen.«

Das war sein Abschied, nehme ich an. Er begann, die Straße entlangzugehen. Ich folgte ihm, und als wir die Stelle erreichten, wo sich das Tal ausdehnte, versuchte ich mir einzureden, daß Baba morgen zurückkommen würde.

»Es gibt kein Morgen«, sagte er und hielt inne, um den Anblick in sich aufzunehmen. »Die Zeit ist ein Spielzeug, das ich schon vor langem weggeworfen habe.« Er warf mir einen letzten Blick zu und legte dabei seinen Kopf ein bißchen schief, wie ein neugieriger Papagei. Dann ging der alte Mann wirklich weg. Ich glaube ihm, wenn er sagt, daß er die Zeit weggeworfen hat: Ich habe zwar Baba seit meinem fünfzehnten Lebensjahr nicht mehr wiedergesehen, aber trotzdem vergeht kein Tag, an dem er nicht bei mir ist – er ist eine Ausdehnung meines eigenen Selbst.

Kleine Diogenes Bibliothek der Weisheit

»Wer andere kennt, ist klug; wer sich selbst kennt, ist erleuchtet.« *Lao Tse*

Buddha
Worte der Vollendung
Herausgegeben und mit einem Vorwort und einem Nachwort von Wolfgang Kraus

Deepak Chopra
Feuer im Herzen
Eine spirituelle Reise
Aus dem Amerikanischen von Ingrid Fischer-Schreiber

Paulo Coelho
Handbuch des Kriegers des Lichts
Aus dem Brasilianischen von Maralde Meyer-Minnemann

Dalai Lama
Ratschläge des Herzens
Aufgezeichnet und mit einem Vorwort von Matthieu Ricard. Aus dem Französischen von Ingrid Fischer-Schreiber

Khalil Gibran
Der Prophet
Aus dem Amerikanischen von Ingrid Fischer-Schreiber

Jiddu Krishnamurti
Meditationen
Eine Auswahl aus den Schriften. Aus dem Englischen von Ulrich Hartmann

Lao Tse
Tao-Te-King
Ins Deutsche übertragen von Hans Knospe und Odette Brändli. Mit einem Nachwort von Knut Walf

Gerald Roscoe
Das gute Leben.
Ein Wegweiser zum Buddhismus für den Westen
Aus dem Amerikanischen von Dagmar Danilschenko

Zen
Worte großer Meister
Herausgegeben von Thomas Cleary. Aus dem Amerikanischen von Ingrid Fischer-Schreiber

Dalai Lama
Mitgefühl und Weisheit

Ein Gespräch mit Felizitas von Schönborn
Mit einem Vorwort des chinesischen Dissidenten
und Bürgerrechtlers Wei Jingsheng

In intensiven Gesprächen konnte Felizitas von Schönborn Ansichten und Grundwerte des Dalai Lama und des tibetischen Buddhismus zusammenfassen. Dieses Buch ist für interessierte Laien genauso wichtig wie für Menschen, die sich eingehend mit Politik, Philosophie und Religion beschäftigen. Es geht sowohl um Fragen des persönlichen Glücks und der Sinnsuche als auch um Probleme der Ökologie und des Weltfriedens.

»Das Glück hat viele Ebenen. Ich stelle mir das Glück als ein harmonisches Zusammenspiel von innerem Frieden im Herzen des einzelnen Menschen und von äußerem Weltfrieden unter den Völkern vor. Und ich wünsche mir möglichst großen Wohlstand für alle Erdenbewohner. Armut und Elend bringen kein glückliches Leben. Man muß seine Grundbedürfnisse befriedigen können, man braucht zu essen, sauberes Wasser und ein Dach über dem Kopf. Das gilt für alle Kulturen.« *Dalai Lama*

I Ging
Das Buch der Wandlungen

Herausgegeben von Thomas Cleary
Aus dem Amerikanischen von Ingrid Fischer-Schreiber

Das älteste chinesische Weisheitsbuch. Seit Jahrtausenden wird das ›I Ging‹ als Orakelbuch und Führer zum Erfolg geschätzt.

»Dieses Buch träumt für uns, indem es sich in der symbolischen, geheimnisvollen, verschlüsselten Sprache der Träume ausdrückt. Deshalb beunruhigt es mich nicht. Im Gegenteil, es tröstet mich.«
Federico Fellini

»Es bietet weder Fakten an noch Macht, aber für die, die auf Selbsterkenntnis aus sind, auf weises Verhalten – wenn es das gibt –, für die scheint es das richtige Buch zu sein.« *C. G. Jung*

Mohammed
Die Stimme des Propheten

Aus dem Koran ausgewählt,
herausgegeben und mit einem Vorwort
von Wolfgang Kraus

Eine zuverlässige Auswahl aus dem Koran – ein Einblick in ein Buch, das unsere heutige Zeit maßgeblich beeinflußt.

»Als Reformator, was Mohammed ursprünglich war und sein wollte, verdient er unsere volle Anerkennung und Bewunderung. Ein Araber, welcher die Schattenseiten des damaligen Judentums und Christentums aufdeckte und nicht ohne Lebensgefahr den Polytheismus zu verdrängen und die Lehre von der Unsterblichkeit der Seele seinem Volk einzuprägen suchte, verdient, den größten Männern der Geschichte an die Seite gesetzt zu werden.« *Gustav Weil*

»Die militanten Züge mancher islamischer Regierungen und Gruppen lassen oft ein unrichtiges Bild von der Religion und Philosophie des Islam entstehen. Die Beschäftigung mit dem Koran kann zu den eigentlichen Quellen zurückführen... Der Koran gehört mit den Werken Homers, den Schriften Buddhas und den beiden Testamenten der Bibel zu den wichtigsten Büchern der Menschheit.«
Wolfgang Kraus in seinem Vorwort

»Eine adäquate Antwort auf die heutigen Fragen ist der auf Kenntnissen basierende und sich vertiefende Dialog mit den islamischen Gesellschaften. Wir müssen jeglichem Terror seine Legitimation entziehen. Diese Operation aber kann nur durch ausdauernde geistige Arbeit zum Erfolg führen. Aufklären jedoch müssen wir vor allem uns selbst.« *György Konrad*

Seneca

Mächtiger als das Schicksal

Ein Brevier
Herausgegeben und aus dem Lateinischen übertragen
von Wolfgang Schumacher

Fragen über Leben und Tod, über Schicksal und Selbstbestimmung – Fragen, die von jeher die Menschheit beschäftigen, der Stoiker Seneca geht sie in seinen Schriften an, in einem schnörkellosen, direkten Stil, der ihn heute noch modern erscheinen läßt. Dieser Band enthält Auszüge aus seinen berühmtesten Werken, u. a. aus: *Von der Kürze des Lebens, Von der Vorsehung, Moralische Briefe an Lucilius, Die Trostschrift an Marcia, Vom Zorn.*

»Mit seiner Lebensweisheit, daß der Menschengeist mächtiger als das Schicksal sei, ging Seneca als ein großer Nothelfer durch die Jahrhunderte. Seine Schriften fanden die Bewunderung des Kirchenvaters Hieronymus, sie trösteten den römischen Senator Boethius im Gefängnis, sie wurden von Dante zitiert und von Rubens verehrt, sie entlockten sogar dem Erasmus, der mit Lob sparsam umzugehen pflegte, das Bekenntnis, sie müßten von allen gelesen werden, die nach einem sittlichen Leben streben.«
Wolfgang Schumacher im Vorwort

»Solange wir atmen, wollen wir uns Menschlichkeit zur Pflicht machen.« *Seneca*

»Die einzig wahre Philosophie.« *Joseph Weber*

Nicolas Gfeller

Kleine Geschichte der Ethik

Von Buddha bis Ernst Bloch
Mit zahlreichen Abbildungen

Ob in Labors oder Schulzimmern, an Klimakonferenzen oder Weltwirtschaftsgipfeln: Man spricht über Werte und Pflichten, über Chancen und Grenzen – man spricht über Ethik: Wie weit darf, wie weit soll der Mensch gehen? Im dritten Jahrtausend haben rigide Moral, aber auch das Prinzip des *Anything goes* ausgedient. Mehr denn je leben wir im Spannungsfeld zwischen Gut und Böse. Dabei bleibt es unsere Aufgabe, diese Spannung, diesen Konflikt menschlich auszutragen.
Durch alle Jahrhunderte haben sich die Menschen Gedanken über diese Fragen gemacht. Dieses Buch bietet einen Überblick über die Ideen von Buddha, Lao Tse, Konfuzius, Moses, Platon, Aristoteles, Christus, Epiktet, Marc Aurel, Augustinus, Mohammed, Thomas von Aquin, Machiavelli, Montaigne, Spinoza, Kant, Mill, Nietzsche, Kierkegaard, Hartmann, Adorno, Sartre und Bloch, angereichert mit zahlreichen einschlägigen Zitaten und Abbildungen.
Die *Kleine Geschichte der Ethik* gewährt Einblick in die Bücher der großen Denker der Vergangenheit und schärft somit den Blick für die Herausforderungen der Zukunft. Kein Handbuch für ein ›richtig‹ gelebtes Leben, sondern Anstoß zu eigenen Ideen.

»Der Kategorische Imperativ ist dieser: handle nur nach derjenigen Maxime, durch die du zugleich wollen kannst, daß sie ein allgemeines Gesetz werde.«
Immanuel Kant

Erich Fromm
Die Kraft der Liebe
Über Haben und Sein, Liebe und Gewalt, Leben und Tod

Herausgegeben und mit einer Einleitung von Rainer Funk und einem Nachwort von Gerhard Wehr

Einsichten und Gedanken aus Erich Fromms Werk – aus seiner Tätigkeit als Psychoanalytiker, aus seiner Erfahrung als Mensch. Erich Fromm war zeit seines Lebens bemüht, Wege zur Entfaltung der menschlichen Möglichkeiten in einer unmenschlich gewordenen Gesellschaft aufzuspüren. Die ausgewählten Gedanken spiegeln sein Lebenswerk in wenigen prägnanten Worten wider. Ob zum Thema Liebe oder Gewalt, Aktivität oder Passivität, Haben oder Sein, Kunst oder Technik – ihre Einfachheit ist bestechend, sie regen zum Nachdenken an und geben neue Antworten auf die eigenen Fragen des Lebens.

»Um den Brückenschlag zwischen Psychoanalyse und Soziologie bemüht, räumte Fromm der Humanität, der Menschenliebe, der Lebensbejahung die unbestrittene Priorität ein.« *Gerhard Wehr*

»Fromm war der lebendige Gegenbeweis für unsere von Haben und Mehr-Haben-Müssen gezeichnete Gesellschaft.« *Rainer Funk*